好人缘不用靠爸妈

HAO RENYUAN BUYONG KAO BAMA

赵 静 著

河北出版传媒集团
河北少年儿童出版社

图书在版编目（CIP）数据

好人缘不用靠爸妈 / 赵静著 . — 石家庄：河北少
年儿童出版社，2015.1（2020.10重印）
（允许我流三滴泪系列）
ISBN 978-7-5376-7534-5

Ⅰ.①好… Ⅱ.①赵… Ⅲ.①人际关系学 – 少儿读物
Ⅳ.①C912.1-49

中国版本图书馆CIP数据核字(2014)第246436号

允许我流三滴泪系列

好人缘不用靠爸妈

赵 静 著

选题策划	段建军　赵玲玲	
责任编辑	李　平	
美术编辑	牛亚卓	
特约编辑	李伟琳　陈　燕	
封面设计	王立刚	

出　　版	河北出版传媒集团　河北少年儿童出版社	
	（石家庄市桥西区普惠路 6 号　邮政编码：050020）	
发　　行	全国新华书店	
印　　刷	鸿博汇达（天津）包装印刷科技有限公司	
开　　本	880mm×1230mm　1/32	
印　　张	5.75　彩插0.25	
版　　次	2015年1月第1版	
印　　次	2020年10月第21次印刷	
书　　号	ISBN 978-7-5376-7534-5	
定　　价	15.80元	

"画中有话"

一、寻词地点

词语都隐藏在恐龙王国中，还等什么，快来找找吧！只有看不到，没有想不到！

二、游戏规则

1. 请各位看管好自己的心情，要不急不躁。

2. 各位无需自带工具，现场擦亮眼睛即可。

3. 找到所有的词语后，请第一时间将其拼成两个句子。

第一句：_____。

第二句：_____。

4. 答案在最后一页，确定你的句子没问题了再看哦！

5. 祝各位小读者快乐！如有其他问题，可以咨询本书作者：jingzhaohu@sina.com。

擦亮眼睛，
将藏在动物或场景中的词语找出来吧！

触动心灵的温情话

你希望别人怎样待你，

你就该怎样去对待别人。

脾气不好，心地再好，

也只能算是个打折的好人。

大多数人想要改变这个世界，却很少有人想改变自己。

如果你收拾不了混乱的生活，那就学会收拾好自己的心情。

上床睡觉前，给你冒犯了的人写个简短的字条，表明歉意。

总是将自己的想法深深埋藏在心底，这种心理是不健康的。

目 录
MULU

目 录
MULU

第一章

戒掉你的坏习惯

改掉一个坏习惯，

比养成一个好习惯，

难度大多了。

你绝对有控制自己的能力，

只是要靠智慧来实现。

1

被忽略的"小怨妇"

赵静姐姐好，我是一个12岁的女孩儿。最近，我笑得越来越假了，对任何人，也越来越不信任了。理由是我拿别人很当回事，别人却不拿我当回事，包括父母、亲戚、朋友、同学在内，都让我感到很憋屈。

黎羊在我心中第一重要，从三年级开始到现在，从来就没有改变过。可是，我在她的心中，只能算是好朋友中的一个吧，这让我有一种很不公平的感觉。她，是我的唯一，而我，只是她的之一。她很少帮助我，我却帮她很多，但是她从来都是一点儿谢意也没有。赵静姐姐，我说这样的话，您是不是觉得我有些自私呢？

我还是给您说说最近发生的一些让我憋屈的事吧。

放学后，我和黎羊去书城看书。看了您的书《我不想当个"隐形人"》，我觉得主人公跟我的处境太像了，所以伤心得哭了。可是黎羊挑书回来后，竟然没发现我在哭，这让我感觉很不是滋味……

我觉得，她一点儿也不关注我。如果她有什么喜怒哀乐的情绪，我总能一眼看出来，并且陪她一起喜怒哀乐。

从书店回家的路上，有一个公共测血压、量身高的仪器。我的高压为128，低压为104。我回去告诉了妈妈，妈妈觉得我的血压不正常，说周六要带我去医院看看。

从我四五岁开始，妈妈一直在外面打工，我们很少见面。她突然这么关心我，让我特别感动。

可是，后来发生的事情，却让我的这一点点感动很快

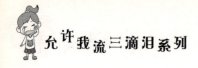

就消失了。

咱们先接着说黎羊和我的事情吧。

在从书店回家的路上，黎羊对我说，她无意间看到了她爸爸和别的女人的聊天记录，还说她爸每周六、日都会出去，她猜肯定是去和别的女人见面了。看着黎羊愁眉不展的样子，我赶紧给她出谋划策："那周六我陪你去跟踪你爸爸。"

我所做的这些，是不是很仗义呀？可她却一句感谢的话都没有，这让我心里非常不舒服。

再说说我妈吧。

因为我答应第二天陪黎羊跟踪她爸爸，所以我想让妈妈周日带我去医院。可妈妈却说周日有事，还是周六去吧。我说周六我有事，妈妈说，那就改为下周吧……

到这里，我真的彻底失望了。我还以为妈妈开始关心我了呢，那样就让我非常感动。可事实上，却只是我的自作多情而已。

吃完晚饭，我去找秒秒和爽爽玩。秒秒和爽爽是我的邻居，也是我的小玩伴儿。

我先直奔秒秒家，可是路上，一个邻居小孩儿说秒秒去逛联城（当地的一个超市）了。我马上又调头直奔联城。找遍了整个商场和步行街，也没找到秒秒，却遇到了秒秒的妹妹。她告诉我秒秒在家，于是，我又和秒秒的妹妹一起奔向秒秒家。

　　到了秒秒的家，见到了她的妈妈，却没见着秒秒。我就问："阿姨，秒秒去哪里了？"秒秒的妈妈却一直看着手机，仿佛没听到我的问话似的，直到秒秒的妹妹过去拉了拉她的衣角，她才头也不抬地说，秒秒去城南市场了。

　　于是，我又跑向城南市场。找了两圈儿仍然没找着秒秒，我就估计她已经回家了。返回去一看，果然，秒秒正在家和爽爽一起开心地看电视呢。

　　看到这种情景，我什么话也没说，就告辞回家了。

　　转身走的时候，我的眼泪直在眼眶中打转。

　　在路上，我的脸上却全是泪水，我的头发都在滴汗，棉制小衣、背心、牛仔裤全都湿透了。要知道，在找秒秒时，我都是一路小跑啊。我不信秒秒没看到这些，可是她连问都没问，只顾着自己开心。

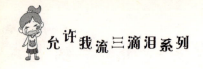

　　嘻，我干吗要为她掉泪呀？需要我的时候，就招呼我；不需要我的时候，就忽视我，找别的朋友玩。这让我心里很不平衡，觉得自己就像个小丑一样。

　　我把这些感受讲给我的其他朋友听，可是，她们根本就不会好好听，也根本不在乎我的感受。有时，我会追问她们我都说了些什么，她们也只是草草地敷衍我一下。但是，每当她们向我倾诉什么时，我都会认真地听；当她们遇到困难的时候，我都会想办法帮她们解决。这样一对比，我心里真是不平衡呀！

　　唉，我的家人，我的朋友，我生命中最重要的这些人，却让我有一种完全指望不上的感觉，也让我感觉自己在他心里一点儿地位都没有。

　　我脆弱，我委屈，我愤怒！可是，我只能把这些装在心里，很憋屈！

疯人院　女生　五年级

情绪涂改液

亲爱的"疯人院",读着你的来信,我超佩服你的叙事能力。

与此同时,我也觉得好心累、好惊讶——不平衡、不公平、憋屈、生气……这几个词出现的频率也太高了吧!

其实,引起你这些坏情绪的事情,全都是鸡毛蒜皮的小事,甚至是不足挂齿的小事。

嗯……所以请你不要生气和憋屈哈——我只是实话实说而已,希望你能释放憋屈,公平地对待某些"不公平"吧。

你把好朋友当成"唯一",而你是她的"之一",这让你有一种很不公平的感觉。可事实上,黎羊也不是你的唯一呀,你不还有秒秒和爽爽嘛。为什么不广交朋友呢?人的一生,可以有最好的朋友,但不能只有"一位"朋友哦。

你更改了去医院的时间,由此抱怨妈妈不关心你——为何不责怪自己?为何不体谅妈妈?为何不可以和妈妈再继续商定时间呢?

好朋友掉泪时,你会及时安慰,而你看书掉泪时,别人却根本没看出来。我想告诉你的是:阅读带来的感动,

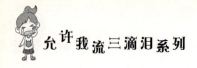

可以独自享受，也可以与人分享，但不一定非要求别人对你察言观色。哦，对了，你以后也不必对别人一直察言观色，这会让自己很累，而不是享受。

好朋友向你倾诉时，你很认真地听，而你倾诉时，却无人用心倾听——每个人的关注点都不一样嘛。在你看来是天大的事，在别人眼中却是小事一桩，没什么大不了的。

倾诉与抱怨，是两个概念。有时，女孩子们在一起聊天，常常是各聊各的，但照样是热火朝天——呵呵，这个特点，常常被男生们取笑哦。

在商场、小街、同学家之间大汗淋漓地疯跑，就是为了找好朋友玩耍——你也可以不"疯"跑呀！找不着拉倒，回去看看书、听听音乐……可做的事情多着呢！路上遇到的邻居家小孩儿，也可以把他们发展成自己的玩伴儿呀。反正就是玩呗。

总之，不要抱怨、不要看别人的脸色、不要揣摩别人的心思，要重视自己的感受，而不是要求别人来重视自己，这样，你就会快乐很多——因为你掌控了自己的情绪，而不是让别人来掌控你的情绪。

没错，你要做自己情绪的主人！

👑 成长小测试

你在乎别人的感受吗

你是一个很在乎别人感受的人吗？做做下面的测试，了解一下自己吧。

有一天，有一位客人要来你家做客，这位客人对你的爸爸妈妈很重要，而且还会带来一个你的同龄人。为了迎接客人，你会选择哪种装饰品来装饰你的房间？

A. 布娃娃或模型玩具。

B. 舒适的座椅。

C. 自己认为很酷的照片。

D. 贴几张明星大海报。

选项分析

选择 A：你是在按自己的喜好来布置房间。虽然是根据

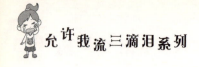

自己的喜好来设计，但你认为只有了解自己的爱好，才能再设身处地为小伙伴着想。这样做，虽然显得你最爱的是自己，但也能让客人感受到你对客人的热情。你是一个比较在乎别人感受的人。

选择B：你很通情达理，会优先考虑别人的感受。与人相处时，即使吃点儿小亏，也不会计较。很有担当，也很有号召力。

选择C：你不在乎别人的感受，只在乎自己的感受。在与人相处中，你多是被关照的对象，你也很习惯被人照顾、被人重视。你需要什么，或者想要什么，都能得到满足。但有时事情不如你愿的时候，或者你被拒绝的时候，对这个人，你会耿耿于怀。

选择D：你观察敏锐，能站在别人的角度思考问题。为了表达自己的热情，你希望与对方能聊到一起。有高兴的事，愿意与朋友分享，遇到不高兴的事，也会挂在脸上。

疯疯癫癫的"大嘴巴"

亲爱的赵静姐姐，您好！我是南京市海英小学的学生。

我是个贪玩、爱搞恶作剧、爱跟同学开玩笑的活泼小女孩儿。

我即将升入六年级了，但是天天只想着玩，对于学习，也只是马马虎虎。

我也是一个爱和大人顶嘴的小孩儿，还有一点儿叛逆。我总是按我自己的想法去做，不想受人约束。按自己的想法去做想做的事，我认为这才是真正的自己！

我喜欢一句名言：世上无难事，只怕有心人！

我虽然贪玩，但我也有梦想。

我的梦想就是像您一样，成为一名作家。

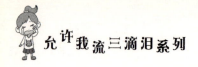

　　我喜欢想象，爱看小说，因为小说总是很有趣，但我的家人认为看小说没什么用，总是让我多看作文书。可是看作文书有什么意思呢，枯燥乏味！

　　我希望与您成为好朋友。得意地告诉您，我的人缘也不错哦！

　　扯远了，说正题吧。

　　最近，我美好的生活被一连串的误会打破了，这让我过得很不爽。您能帮我解决吗？我都快烦死了！

　　最近，同学们都叫我"大嘴巴"。

　　您肯定认为是我说话不好听，或者是我疯疯癫癫惹的祸，其实，也不完全是这样子，他们更多的是嫌我的嘴"太快"。

　　可是我不觉得自己有什么错，我也没觉得我的嘴巴有多快。

　　有时，我只是想描述一下当时的情况。我没想到这么多人都知道了，也没想到，我是第一个把这件事说出去的人。

　　有一天，在放学路上，我和好朋友陆曼曼像以前那样，

好人缘不用靠爸妈

每人一只耳机，听着同一首歌曲，但是我发现她在不停地抹眼泪。

原来，她的爸爸妈妈离婚了。我不知道怎么安慰她，只能陪着她一起忧伤……

第二天上学，有人问我："嗨，陆曼曼的爸爸妈妈是不是离婚了？"

一想到好朋友的眼泪，我就气不打一处来："她的爸爸妈妈离婚了，关你屁事！"

"嘿，我猜得没错，看来是真的离婚了。"对方露出一副猜中大奖的表情。

之后，整个班里的同学，都在议论陆曼曼爸妈离婚

13

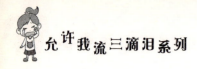

的事。

陆曼曼把我拽到操场，愤怒地对我说："你这个大嘴巴，我们绝交！"

我想向她解释，却不敢看她的眼睛，不知道从何说起。

陆曼曼愤怒极了，根本不愿意听我解释。

其实，我本来是要替好朋友保守秘密的。真是莫名其妙，他们干吗要问我这个问题！

事情过去一个星期了，我们还没有和好的迹象，主要是我们都拉不下面子。如果僵持时间长了，我估计我们要永远地绝交了。

其实，我是被误会的，我更不想和陆曼曼绝交。

昨天，我和同桌又闹翻了。

我的同桌叫王子琳，是我的邻居，也是我的好朋友。

前天，我写完作业下楼去玩，正好碰到她也在楼下和一群小朋友玩。看到好朋友，我高兴极了，就朝她跑了过去。

她停下来，眼睛盯着小区大门口，小声对我说："嘘——我的作业还没做完呢，我骗我爸爸妈妈，说是向你问作业，就跑了出来。嘿嘿，我就想溜出来玩一会儿。你可千万别告诉我妈哈！"

我连连点头："不说，不说，打死也不说！那我们一起玩吧！"

就这样，我们一直玩到天黑，才各自回家。

没想到，一回到家我妈就对我说："以后别玩太晚了才回家，王子琳的妈妈都打电话来催了。"

我大吃一惊："王子琳的妈妈说什么了？"

妈妈说："就说'王子琳过来问个作业，怎么那么长时间？'"

我非常紧张，连忙问："那您怎么说的？"

"我说你们俩在楼下玩呢，让她别着急。"

果然，第二天一大早，王子琳就来质问我："我溜出来玩，让你别告诉我爸爸妈妈，你为什么要去告密？"

"我没有告密。是你妈把电话打到我家里的，我妈看到咱们在楼下玩，就告诉了你妈妈。"我争辩道。

王子琳气愤地说："谁信呀！我偷偷溜出来玩的事，就你知道。你的嘴巴那么快，肯定是你告诉他们的，害得我被爸爸妈妈骂了一晚上，说我撒谎。我们绝交吧！"

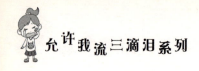

得，又是绝交，我都快被她整疯了！

不管我怎么解释，王子琳就是听不进去。她就认定我是个大嘴巴，认定是我告的密，我现在是"越抹越黑"！

自从这两个好朋友都叫我"大嘴巴"后，同学们渐渐啥事都赖到我的头上。

比如，有人抄作业，有人不打扫卫生，有人搞恶作剧……老师知道了，批评他们，他们都说是我打的小报告。

您赶紧帮帮我吧，我真的快要疯了，谁会相信我的清白？

薰衣草茶　女生　五年级

👑 情绪涂改液

亲爱的"薰衣草茶"，看来，你已经"四面楚歌"了！

生活中，被人误会，或者误会别人，是常有的事情，不幸的是，连续两次被人误会，你就被扣上了"大嘴巴"的帽子。

据我所知，小学生最讨厌嘴快的人，也最讨厌告密的人了。你被同学们误解，被同学们孤立，也是很自然的。

你到处解释，结果被认为是"越抹越黑"。

其实，误会是可以消除的，要看我们怎样做。

你和陆曼曼是好朋友，双方都想和好，但碍于面子，一直处于"绝交状态"。你这么开朗大方，为何不主动一点儿呢？何况，好朋友的爸爸妈妈离婚了，现在一定心情非常低落，正需要你的安慰呢。

至于你和王子琳，如果你的坦诚解释，也无法让她理解你，那么，这个误会就属于"心急吃不了热豆腐"——你越着急解决，或许越糟糕。

那就干脆不解释了，过去的事情就让它过去吧。真正的友谊，是相互信任，相互理解，相互包容的。

至于有人抄作业，有人不打扫卫生，有人搞恶作剧……老师知道了，批评他们，这都算到你的头上，那就是同学们对你产生了偏见。

对于这些误会，那就不用解释了，否则，真是越描越黑了。你想干的事情不是很多吗？你的梦想，你的快乐生活，该干吗干吗去，没必要对他们浪费你的口水。

总之，被人误会了，就要冷静下来，要学会沟通，及

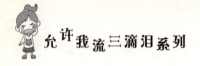
时想出对应的解决办法。呵呵，对于越描越黑的误会，"不去解释"，也不失为一种有效的解决办法。

♛ 成长小测试

你是个什么样的人

学习压力大，想活跃一下气氛，偶尔嘴损一下，发布一些抓人眼球的小八卦，也是正常的。但发布的内容，如果令人不悦，那么这样的人确实让人讨厌。测试一下，看你是一个什么样的人。

一大早，来不及吃早点了，你抓起一盒奶，背起书包，就往学校跑去。到了教学楼，你拿着一盒奶，一边喝着，一边气喘吁吁地往楼上爬去。这时，从楼上冲下两个追跑打闹的学生，一下子撞掉了你的奶盒，你会有什么反应呢？

A. 脱口而出："该死的，我还没喝完呢！"

B. 轻轻地惊叫起来："天啊！"

C. 你吓了一跳，回过神来，捡起奶盒，继续爬楼梯。

D. 到了班里后，逢人就抱怨："我还没喝完呢，奶盒就被撞飞了，吓了我一大跳……"结果，大家听烦了，都躲着你。

选项分析

选择A：你还算正常，有好事了愿意分享，遇到坏事也会抱怨，喜怒哀乐，都会挂在脸上，绝对做不到从容淡定。

选择B：遇到事情后，你会闷在心里，独自抓狂，但表面给人的印象是从容淡定、轻松面对。其实，你心里明白，心里像装了一团乱草。

选择C：你沉默寡言，遇事不会抱怨，给人的感觉是沉稳、能扛事，能给人安全感。

选择D：你绝对是一个嘴巴非常损的人，喜欢抱怨，喜欢捉弄别人，喜欢到处打听，喜欢传播……总之，你的嘴巴一天到晚不闲着，实在让人无法忍受。要改改这个毛病了，否则，你将成为"孤家寡人"。

 谁的坏话在飞

赵静姐姐，我遇到了一些麻烦事，想请您帮我想想办法、出出主意。

我有一个好朋友，叫然然。从一年级开始，我们就交上了朋友，是好朋友中的好朋友。

我们一起上厕所，一起吃饭，一起放学回家，就像一对儿连体婴儿。

然然很可爱，所有人都喜欢她，包括我。

我怕她和别人玩不理我了，就不让她和别人说话。后来她就生气了，离开了我，交了另一个好朋友心心。

一个所有人都喜欢的人，主动找自己玩，心心当然非常高兴。

为了让然然永远不和我玩，心心就天天向我挑拨离间：
"哎，你知道吗？然然每天都说你的坏话。"

"说我什么坏话？"我立刻非常生气。

心心说："然然说了，轮到她当纪律班长的时候，她
要狠狠记你的名字。"

我听了简直怒不可遏！

心心又向我补充道："她不仅要狠狠记你的名字，还
要发动所有和她关系好的同学，都狠狠记你的名字。"

每人轮着当一天纪律班长，这是我们班主任规定的。
谁纪律差，就记下谁的名字。被记下名字次数最多的同学，
就是纪律最差的，就要被调座位。

放学后我一到家，就立即上网，在 QQ 上和然然对质，
质问她为什么要这么对待我。

结果，然然说她根本没有说过这些话。这时我才发现，
我中了心心的圈套。

我和然然在网上互相道歉，我们都原谅了对方。

虽然如此，可是然然还是继续找心心玩，把我晾在一
边，我心里可难受了。

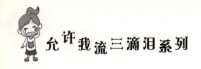

其实，以前我和然然的友情也曾经历过风雨。

有一次，在班上，我和然然玩了一个影响学习的抽奖游戏，被我们班爱打小报告的人告诉了老师。我和然然被老师狠狠地训了一顿。

当老师追问是谁出的主意时，我怕继续被老师训，就说出了是然然出的主意，结果老师又狠狠地训了然然。我内疚极了，觉得非常对不起她，放学后，便向她道歉，没想到她竟然不介意，直接就原谅我了。

不知道从什么时候开始，我和然然的关系就有了一些变化，动不动就因为一些小事生气。

难道时间长了，我们都看腻了对方，不想做朋友了？

有一次，然然来我家玩，就因为我叫她把电脑让给我一下，她就一下子推开椅子，坐在沙发上生气。我向她道歉，她也不原谅我。

又有一次，她答应我要陪我一起回家，但后来她也没有陪我，气得我好几天都没有理她。过了几天，她给我写了一张纸条，纸条上写着：我们不要在一起了。

还有一次，正赶上期末考试复习，我与然然吵架了。她把我的书包摔在地上，我把她的课桌推倒了。我们当时都怒气冲冲的。

后来，我们就天天冷战，我其实很想继续和她交朋友的，可我这个人就是死要面子，她也是这样的性格。

前天是然然的生日，我主动打电话祝她生日快乐，但她却说我假惺惺的。

我不想向她道歉，我也不知道我错在哪儿。我该怎么办啊？

我一直没有忘记然然，可她现在有什么事，都会找心心不找我，这让我很难过。

更令我伤心的是，然然在全班同学面前说要和我绝交，还让其他同学都不要和我玩，不要理我。因为然然在班上

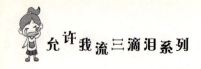

的人缘比较好，所以别的同学都听她的，不理我了。

我感到我和然然的友谊褪色了。

曾经的好朋友，怎么会变成这样了呢？

我们怎样才能回到从前？我真的很想跟她和好。离开了然然，我干什么总是自己一个人，觉得好孤单。

　　　　　　　　　疯狂披萨　女生　五年级

👑 情绪涂改液

亲爱的"疯狂披萨"，你对友情的"控制"，的确有点儿疯狂啊！但控制的方式却严重欠妥。

和朋友好得像一对儿连体婴儿，但毕竟只是"像"，而不是一对儿真正的连体婴儿。

每个人都是独立的个体，都会有自己的思想与思考。

你为了"独霸"好友，都不许然然和其他同学玩。这种做法正严重伤害着然然，难怪然然选择逃离。

而心心对然然，也在犯同样的错误。这样的友情，也注定长久不了。

　　然然被所有人都喜欢，那么她一定是一个宽容的人，能和大多数人相处融洽、和睦友好。而你和心心，正在不知不觉中，极力地破坏然然的这种友情圈、好人缘。

　　如果你和心心达到了目的（事实上，你和心心都想控制然然），那么，亲爱的"疯狂披萨"，你是喜欢一个人见人爱的然然，还是喜欢一个人见人躲的然然呢？

　　归根结底，在内心深处，对友情，其实你和心心都是不自信的。

　　不自信的表现方式，就是想牢牢抓住对方，不让对方喘息，生怕一松手，对方就挣脱跑掉。

　　另外，你对朋友缺乏担当，从"抽奖游戏"事件中就可以看出。

　　宽容的然然，虽然没有揭穿你，也表示原谅了你，但从此开始冷淡了你——你不反省自己，反而认为是彼此看腻了对方——这实在是一种错误的认识，不利于修复友谊的认识。

　　所以，亲爱的"疯狂披萨"，从现在开始，如果你还想挽回和然然的友情，唯一能做的就是学会分享友情、分

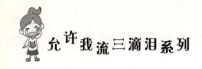

担困难。

比如，想出一个大家都能玩的游戏一起玩，向大家推荐一本好书，大家轮流阅读，或者大家一起做体育运动……

还有，不要再让"坏话"到处乱飞，避免误会。你要发自内心地愿意为对方着想，希望自己的朋友快乐。

如果友谊可以重新萌芽，你再去精心呵护。

如果友谊已经枯萎，你就没有必要为这无法扭转的结果而纠结了。

如果交往给彼此带来负担，让人心感不爽，这样的断交不能不说也是一件好事。

给自己，也给曾经的好朋友一点儿时间、一点儿空间！

总之，与同学相处，被同学接受，与同学建立友谊，不是因为你的考试成绩第一名，也不是因为你有多漂亮、多帅气，更不是因为你多有心计、自私自利，而是因为同学之间聊得来，彼此看着顺眼，心里感觉温暖，渴望多待在一起——一起学习，一起听课，一起做作业，一起做游戏，一起分享内心的秘密……

真正的友情，就是这么单纯、这么令人感动！

👑 成长小测试

别人背后会怎样评价你

在现实生活中，被人背后说坏话，或者说别人的坏话，会时有发生。比较有意思的是，人又会特别好奇：他或者她在背后，说我什么坏话了？

你想知道别人说你什么坏话了吗？你想知道自己哪些方面做得不好吗？那就做做下面的测试题吧，也有利于改进自己。

在教学楼后面的角落里，有两个女生躲在那里，凭直觉你认为她们在干什么？

A. 想恶作剧吓人。

B. 偷吃零食。

C. 在玩捉迷藏游戏。

D. 在商量怎么对付"敌人"。

选项分析

选择 A：别人会说你脾气暴。你喜欢直来直去，对看不惯的事情就要管，但有时会脱口而出不经过大脑的话，有时

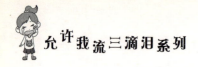

会伤人。建议你遇事冷静，说话要先经过思考。

选择B：别人会说你是个老好人。你怕给人添麻烦，遇事喜欢息事宁人——自然你老被人欺负呀！建议你做人做事要有原则，这样才会得到尊重，别人也不敢随便欺负你了。

选择C：比你小的同学会说你幼稚，喜欢装天真、装可爱；比你大的同学，会觉得你很纯真，不是装可爱，而是真的很可爱。建议你跟着自己的感觉走，不必刻意改变自己。在保持天真活泼的同时，增加一些稳重大方就可以了。

选择D：在别人眼中，你就是一个多嘴、爱管闲事的人。而你也的确喜欢探听"故事"，然后喜欢与人"分享"。为了达到好玩儿的效果，你还会把"故事"描述得很夸张。建议你收起自己的好奇心，多看看书，和同学一起多做做运动，这样更有益于身心健康，也更容易获得好人缘。

出口成"脏"的恶魔

赵静阿姨您好，我是一个小学五年级的学生，很喜欢看课外书，也非常喜欢看您的"烦恼就像巧克力系列"。四本看完了，我意犹未尽。真心希望您能再创作出更多更好的校园小说来！

可能是读书多的原因，我的作文相对也写得很好，在班上小有名气。

每当老师将我的作文当作范文读给大家时，我心里就会感到无比的骄傲和自豪。之后，就会有很多慕名的同学来向我请教，请我帮他们修改作文。

可我并不是事事顺心。

就拿我的数学老师王老师来说吧，她整天对我板着脸，

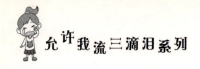

对我不闻不问。这也许是我数学不好的原因。

在学校，我属于中上游的学生。语文和英语都是我的强项，偏偏数学是弱项。

虽然我的名次也都在前 15 名左右，但是相比起我班的数学优秀学生，我还是差了那么一截儿。

虽然我不是老师说的那种"差生"，但就是这样，王老师却理都不理我。平时，她总是围着我的邻桌转。

我的邻桌，外号叫"数学王子"，他的数学成绩很好，又长得肉嘟嘟的，很招人喜欢。

王老师总是当着我的面，把他当儿子一样慈爱地对待，还喜欢捏他的脸蛋儿。

每当这个时候，我就非常尴尬，走也不是，不走也不是，就像《考第一名的中等生》里的陈小绵一样。

除此之外，我还受过很多委屈。

我的同桌钱笑对我来说，就像恶魔一样。

"把我的作文给改一改！"钱笑把作文本甩到我的面前。

我平时很讨厌钱笑，不太想帮他修改，可转念一想，

算了，帮他改改吧，再讨厌也是同班同学。

本以为我发了"善心"，帮他修改了作文，就会化解我们之间的"误会"。可哪知道，就在今天，我在交课堂作业本的时候，他突然抓住我的脖子，对我说了一些令人难以说出口的脏话，然后，又把我推到一旁，恶狠狠地走了。

"这个忘恩负义的钱笑！可恶的东西！"

我帮了他，他反而"猪八戒耍把戏——倒打一耙"。

我很难过，泪水像断了线的珠子直往下掉。我打心眼儿里讨厌他，可这有什么用？如果换了您，您是不是也觉得很生气？

还有一次，钱笑把手机带到学校，被我看到了。他就

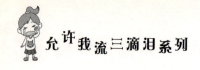

威胁我："不许告诉老师，如果告了，那你就死定了！"

更可恶的是，昨天，钱笑从家里带了一个水晶宝宝到学校。中午我在写作业的时候，他居然用水晶宝宝砸我。

照理说，水晶宝宝是用来养的，他居然用来欺负我，真是太可恶了！

上课时，他总是特别用力地拍我的背，很疼的！我说："别打我的背了，别踢我的凳子了，有事叫我不就行了吗，为什么要打我啊？"

听我这么一说，他就装成无辜的样子说："谁打你了？打你的人是狗！"

我说："你是骂你自己啊？"

他又生气地说："滚一边去。"

每天，他嘴上都挂着脏话骂我。每次都骂得我语塞，我没有办法对付他。我好生气呀！怎么办呀？

对于这个无赖，老师也懒得管了。

有时，我真想死，死了之后就什么也不知道了，一了百了，不再受委屈，不再伤心，不再难过……

日子久了，我变得沉默寡言，情绪不稳定，常常无缘

好人缘不用靠爸妈

无故地沮丧和流泪，学习成绩也明显下降，常常受到老师的批评。因此，我想死的念头越来越深。

赵静阿姨，我该怎么办呢？

下学期，我就要转走了。在这儿，我受了很多委屈，我很想开开心心地离开，但是，我却不知道怎么让自己开心起来。

柘垅十偎谁开　女生　五年级

♕ 情绪涂改液

亲爱的"柘垅十偎谁开"，读着你的来信，我好心酸呀！

是的，很多人都想让自己开心起来，可由于不知道怎么处理，结果让自己的愿望落空，让自己万念俱灰。

每个人的成绩，并不都是科科都拔尖儿的。像你这样，有语文和英语两个强项，只是数学弱一点儿，已经非常不错了。

数学老师喜欢捏"数学王子"的脸，以示喜爱，而语文老师常常在课堂上点评你的作文，言谈举止中肯定也充

33

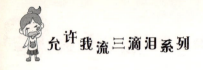

满着赞赏。应该说，你们俩都是比较受宠的嘛。

当老师向"数学王子"表示喜爱时，你"尴尬"得要命，那么，当你的作文被老师表扬，当你的内心有点儿小得意时，如果别的同学也像你那样"察言观色"的话，是不是也都要"尴尬"得要命？

其实，老师捏"数学王子"的脸蛋儿时，你完全不必要和自己扯在一起——"走也不是，不走也不是"。该干吗干吗去！如果你没什么事，那么，你就微笑着欣赏这感人温馨的一幕。或许，你这一笑，尴尬的人，该是"数学王子"了，没准儿，他还在心里默默祈祷——哎呀，求求您了，王老师，快放我一马吧，我们男子汉的脸是随便捏的吗？旁边的女生都在偷笑我了！

至于你身边的"恶魔"，我觉得你们之间的纠纷，已经不是同学之间的小矛盾了。你的这个同桌，品质出现了问题。

他的嘴上总是挂着脏话，他习惯打人，或许他的父母就是习惯说脏话，或喜欢揍他。或许，他说脏话或者打人时，父母从来不及时纠正他，造成了他今天的肆无忌惮，没有羞耻感，让他养成了出口成"脏"的习惯。

也或许，这样的同学，成绩不好，没自信，又期待得到老师同学的关注，别人越是不理他，他越是要扰乱别人。

对于这种品质有问题的同桌，你不能再忍受下去了。

如果连老师都懒得管了，那就要求助于学校、父母或者家委会。把自己的遭遇向父母描述具体一些，多举一些实例，以引起他们的重视。大家一起想办法，及时制止他骂人打人的恶习，让你逃离"苦海"，也让他早日改正错误成为大家欢迎的同学。

你的同桌，毕竟是一个可教育好的小孩子，前提是，需要有人来教育他。如果"恶魔"能变身为一个绅士男生，你也功不可没哦。

"有时，我真想死，死了之后就什么也不知道了，一了百了。不再受委屈，不再伤心，不再难过……"亲爱的"柘珫十偎谁开"，看到这句话时，我觉得你的想法太可怕了！

如果你是幼儿，我可以认为你对"死亡"这个概念似懂非懂，可以耍点儿小心眼儿，威胁一下大人。但你都是小学高年级的学生了，我相信你完全知道了"死亡"是怎

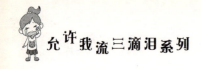

么回事了。如果这个念头被你反复加强，根植在心里，那么，在你以后的成长道路上，一旦遇到什么挫折，你就会崩溃，就有可能真的走上这条路。

不过，你连死都不怕了，还怕这个"恶魔"吗？要想办法对付这个"恶魔"，而不是懦弱地逃避。

退一万步讲，改变不了别人（例如"恶魔"同桌），完全可以改变自己呀——不再忍受，寻求有效帮助，远离无赖……

方法多得是，并不是只有"死路一条"。何况，你快要转学了，换个环境，也是一种选择呀。

所以，从今天开始，无论遇到什么困难，都要永远打消"死"的念头，而是每天露出八颗牙齿，让自己的脸上挂上自信的微笑，哪怕刚开始是装出来的，但时间长了，你肯定会有解决问题之后的成就感，你会觉得原来生活如此美好。

让美好根植于你的内心，让微笑爬上你的脸颊，你可以让自己开心起来的。加油！

👑 成长小测试

你有一颗善良的心吗

有的人，看起来慈眉善目的，但心地并不善良；有的人，看起来凶巴巴的，但心地却非常善良。所以，"人不可貌相"呀！

想知道自己有没有一颗善良的心，那就做做下面的测试吧。

有一天，你和最好的朋友吵架了。放学前，对方还放话：我要和你绝交，老死不相往来！第二天是周日，以往，你们会相约出去玩，或者一起做作业的。但这一天，你却收到她托人带给你的一个小盒子。凭直觉，你认为小盒子里会是什么呢？

A. 一件比较贵重的求和礼物。

B. 恶作剧玩具。

C. 退还我曾送给她的礼物。

D. 空盒子。

E. 一张温馨的卡片。

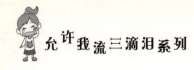

选项分析

选择A：说明你很善良，但表面上却装得很凶恶的样子。

选择B：说明你比较善良，不会主动去伤害别人，但对人的防卫心理比较重。

选择C：说明你天生善良，对人没有任何防备。建议你遇事多动动脑子，避免上当受骗哦。

选择D：说明你生性多疑，比较自私，不会主动出手帮人的，因为嫌太麻烦。

选择E：说明你的善良是后天培养出来的。遇到的好人好事多，你受到感染，也很感动，于是，你潜在的善良被激发出来，成为一个越来越善良的人。

江湖"业主"与"乡巴佬"

赵静阿姨，您是一位儿童文学作家，专写小孩子的烦恼之类的成长故事。那么现在，请您穿上雨衣之类的防雨用具，因为我准备向您大吐苦水、倾诉我的烦恼了。

您准备好了吗？好的，开始！

第一点，作业太多了。

每天清脆悦耳的放学铃响起，我们是又高兴，又厌烦。

高兴的是，我和我的众学友，仿佛凳子烫了屁股似的，抓起书包，可以往外冲了，速度可达每秒50米。

厌烦的是，呃……嗯……当然全都是作业的缘故了。

"都给我回来！都给我坐好！作业还没布置呢！"

姜还是老的辣呀！老师一声令下，就能把我们这些"小

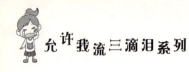

野兽"们收拾得蔫头耷脑，像一只只乖乖兔，坐回到座位上，接受老师的"作业炮轰"。

老师的"作业炮轰"太有威力了，经常把我们炸得"晕头转向"。

每次我们都会拖着沉重的书包回家，一到家里，就得马不停蹄地奔向书桌。

回了家，对于我们小学生来说，并不是回到一个享受生活的地方，而只不过是换了一个做作业的地方。

我每天从早到晚写呀写呀写，从早写到晚，从晚写到早，只写得我上眼皮和下眼皮互相掐架，相互攻击……难道我有很多只手吗？当我是章鱼吗？

我们班同学有一个共同的外号——"业奴"。

您知道"业奴"是什么意思吗？就是写作业的奴隶，俗称"业奴"。还有一种人物，是作业的主人，就是江湖上所称的"业主"。

没错，我坚定地认为，有首歌就是针对我们这些"业奴""业主"们创作的。

唉，说实话，"业奴"和"业主"，真是伤不起呀！

第二点，我的"乡巴佬"同桌。

"乡巴佬"是我送给我同桌的外号。这个外号名副其实。

我每天拿这个"乡巴佬"同桌没办法。他满身口水味儿，同学们都对他敬而远之，可老师偏偏让我和他坐同桌。每天闻着他的口水味儿，几年前吃的饭菜，我都能全吐出来。

对这个"乡巴佬"同桌，我真是讨厌透顶。

唉，班主任让我和他坐在一起，也是想让我改改他的毛病，但是根本不行。我对他天天都要动拳头，但这都是"乡巴佬"同桌给逼的呀！事实上，对待我的那个邋遢外加讨厌的同桌，靠武力根本不行，可是夸他呢，他就会更加得意忘形。

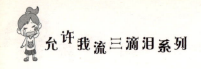

这个"乡巴佬"，还有一个特殊爱好，那就是时不时把鞋脱掉。

有时候，我们正在专心听课，就会忽然有一股咸鱼味，随风飘散在教室里……于是，全班同学都会心跳骤停、呼吸停止，经抢救无效，全体"壮烈牺牲"。让我们唱起国歌，纪念我们这些"烈士"吧！

另外，您写的蔡波波好像是我的替身，只有一点不一样，我上课不喜欢回答问题，哈哈。

赵静阿姨，您能帮帮我这个您的小粉丝吗？

祝您万事如意！

小章鱼　女生　　五年级

👑 情绪涂改液

亲爱的"小章鱼"，尽管我遵从你的嘱咐，准备好了防雨用具，但你吐的苦水，还是让我领教了它的威力。

哈哈，我听说过"房奴""孩奴"，如今，又从你这儿见识了"业奴""业主"，我不能不佩服你的幽默与智慧呀！

虽然你说自己大吐苦水，我从字里行间也看到了你的无奈，但我更看到了你的乐观与开朗，还有化烦恼为快乐的能力——用幽默化解烦恼，也是解决烦恼的办法之一哦。

作业太多，"业主"或者"业奴"伤不起，那就想办法提高听课效率，提高做作业的速度。如果全班80%的同学能按时完成作业，那么，你有的是智慧，照样能完成。

如果有一半的同学都认为保质保量完成作业困难，那就要主动找老师，把这些"苦水"都吐向老师吧。哈哈，他们招架不了，自然会向你们妥协，少布置那么一点点儿的。

至于你那个"乡巴佬"同桌，他不讲卫生的恶习确实让人难以忍受。但是，你厌烦他、骂他"乡巴佬"，甚至天天都向他动拳头，不照样没改变他吗？不照样天天让你闻他那臭不可闻的脚丫子味儿吗？

你叫他"乡巴佬"，甚至天天冲他举拳头，他以为被骂了、被打了、被鄙夷了，他制造出来的"臭味儿"事件就算过去了。所以，他很有可能这么想：口水味儿怎么了？臭脚丫子味儿怎么了？臭就臭，用不着你管！付出的代价，

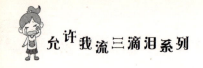

不就是被骂被打被鄙夷吗？没什么大不了！

既然这几招儿不见效果，那就改改方式呗。

比如，不要再叫他侮辱性的外号"乡巴佬"了，你都把他的自尊叫没了，他还顾忌什么？

从今天开始，你要叫他的名字，并趁着他还没开始脱鞋之前，就忍住臭味儿，盯着他的脚看："咦，今天，你的脚臭味儿小多了，嗯，身上的汗水味儿也好像没以前重了。是不是你昨天晚上洗澡、洗脚了？今天是不是换了一双鞋、一双袜子？嗯，我猜得肯定没错。瞧，今天大家都没躲着你耶！"

总之，要悄悄地对他一个人说，要一口气说完，而且不容他插话。

哈哈，即使他想对你说"我没洗澡、没洗脚、没换鞋袜"的实话，你也不给他机会。他一旦失去了这个机会，那么，他就有可能晚上回去后，真的悄悄地洗澡、换鞋、换袜子了。

你也可以用善意和尊重的态度，而不是以讽刺和挖苦的态度，去问问他熏别人时的感受，遭人白眼时的感受，然后替他想办法：与其遭人白眼，让人躲避，没有朋友，还不如天天洗个澡，勤换衣服和鞋袜。这只需要动动手，就能改变自己的处境，干吗不去试试呢？再说了，洗澡时多放松呀，洗得干干净净，自己也舒服呀。

千万要有耐心哦。因为，不讲卫生的习惯不是一日养成的，这也和家庭的影响有关系。所以，讲卫生的习惯也得慢慢培养。

可是勤于洗澡换衣服，可比做数学题简单多了。

得给这位不讲卫生的男生一点儿自尊、一点儿时间去改变，让他尝到讲卫生的甜头：讲卫生，就能得到尊重；不讲卫生，就会被人躲避。你还可以建议班主任，开始高密度的卫生评比活动。

做个评比表，每天是否洗澡，是否勤洗、内衣、内裤小袜子，指甲长不长？每周一张表，让家长签字打分。只要每个人都讲卫生，那么，每个同学都是讲卫生的小模范。

在举办卫生评比活动中，亲爱的"小章鱼"，你一定要记着你的目的哦，不是打击"乡巴佬"，而是"化腐朽为神奇"哦！

能不能令你的同桌改变，那就要看你想出的办法是不

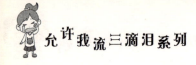
是神奇了。

祝你成功!

👑 成长小测试

不同习惯透露的信息

俗话说:"江山易改,本性难移。"有些不良习惯一旦养成,想改掉就很费劲了,这要比养成一个好习惯,费劲多了。

虽然坏习惯属于个人的习惯,但因为它如影随形,有时会影响个人的形象,让别人觉得你没有修养。所以,为了给人一个好印象,还是下功夫改掉吧。

在各种探讨活动中,老师让大家分组讨论。在这样的场合下,对于别人给你提的意见和建议,你会有什么样的习惯动作?

A. 不停地抖腿。

B. 总是皱着眉,唉声叹气。

C. 心不在焉,总做些与本主题无关的事情。

D. 爽快地说："好吧，让我再想一想。"

选项分析

选择 A：你给人的感觉是根本不在乎别人的感受。这样显得你很没有修养，举止很没有礼貌，很影响你的人际关系哦。

选择 B：你的状态很不阳光。你对别人的意见假装接纳，其实内心却很厌烦。这不仅让人远离你，而且对你的健康也不利。

选择 C：说明你平时干什么事都不专注，总是分心，时间长了，你也就把自己培养成了一个磨蹭大王。比如，一写作业，你的坏习惯就开始出来作怪了：一会儿要喝水，一会儿要上厕所，一会儿想看电视，一会儿想听音乐。总之，半小时能搞定的作业，你能耗上两三个小时。赶紧改改吧。

选择 D：你比较自信，愿意接受别人的建议，而且还不失尊严，显得非常大气。大家都愿意和这样的人在一起合作。

"预言帝"变成"乌鸦嘴"

我被叫作"预言帝"有一段时间了。

谁将会是下一次考试的状元，谁将会是秋季运动会上的长跑冠军……"预言帝"的外号，让我有点儿小自豪。

可不知从啥时开始，或许仅仅因为几次意外事故的巧合吧，我竟然由"预言帝"，一不留神，变成了"乌鸦嘴"。之后每天都生活在同学的唾沫星子里，心情能好得了吗？唉，您说，这叫什么世道呀！

最近发生的事情太多了。赵静阿姨，还是让我一一道来吧，也请好心的您帮我想想办法，怎么才能不让同学叫我"乌鸦嘴"呢？这个名字实在是太难听了，万一叫出名了，那可就惨了！

有一次，我对同桌余子豪说："你今天肯定没带橡皮。"

余子豪不相信。

我指着他的书包，笑着说："打开看看。"

旁边的同学也围观起哄。

余子豪半信半疑地从书包里掏出文具盒，打开一看，果然没有橡皮。

"你偷看我的文具盒了？"余子豪问我。

我摇摇头。

"一定是你把我的橡皮藏起来了！"余子豪不高兴地叫了起来。

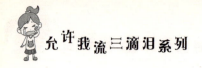

其实我也是瞎猜的，可没想到被我猜中了！周围的同学们都说我挺神的。

为了让自己更神，我就继续瞎猜："余子豪，别看你上次数学作业全对，老师表扬了你，但这次你肯定有错题。"

余子豪不信："不可能有错题，我比上次细心多了。"

结果，数学作业发下来，余子豪果然错了两道题。他垂头丧气地对我说："我还真中了你的咒，你这个'乌鸦嘴'！"

晕，他粗心大意做错了题，怎么能赖我呢？

还有一次，我和我的好哥们儿在操场上踢球。陈宇航不讲规则，乱跑乱踢，我就好心提醒他："你这样乱踢，肯定要把脚扭伤的。"

我的话刚说完，他的脚真崴了，疼得哇哇大叫。他一边叫，一边骂我："瞧你这张破嘴！我崴脚了，你就特开心吧？你就盼着我崴脚你好进球，是吧？"

我好心提醒他注意安全有错吗？他却反骂我"破嘴"。真是好心没好报呀！我愤怒极了！虽然愤怒，但我还是和其他同学一起，把他抬到了医务室。

还有前天下午放学，在学校门口，闻小咪买了一只毛茸茸的小鸡。

闻小咪特喜欢小鸡，她怕小鸡掉到地上，就把小鸡紧紧地捏在手中。

"这只宠物小鸡跟着我，真是太幸福了！不用写作业，只管吃好喝好玩好！"

我当时就阻止她："养小鸡可麻烦了，它和人吃的东西不一样。像你这样不知轻重，捏来捏去，乱喂东西，要不了几天，它就会死掉的！你还是多注意一些的好。"

闻小咪当时狠狠白了我一眼："少咒我的小鸡，臭嘴！"

没想到，不幸又被我言中了。

周一一大早，闻小咪一进教室，就向我直扑过来："你这个乌鸦嘴，害死了我的小鸡，你赔，你赔！"她眼圈发红，双手乱挥。

我怕她的手抓到我的脸，赶紧跳到一边，反驳她说："我好心劝你不要老捏它，不要乱喂它东西，你肯定没听我的，怎么能赖我呢？"

"哼，'好心劝我'？就是因为你劝我，我才偏想做实验，偏要喂它零食、偏要喂它饮料、偏要让它活着的……

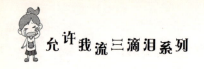
就赖你这个'乌鸦嘴'。我可怜的小鸡呀，你赔我的小鸡！"闻小咪越说越伤心。

我想不明白，脚崴了，小鸡养死了，怎么会怪到我的头上呢？这八竿子也打不着我呀！

要是我的嘴真那么灵验，我早就把世界上的坏人都咒死光了！

再说说昨天下午的拔河比赛吧。

我们二班对战三班。我就预言三班会赢，结果三班真赢了。

三班的同学都高兴地拥抱我，而我们二班的同学都骂我"乌鸦嘴"。唉，比赛输了，又不是我们不卖力，谁让我们二班的胖子不如他们三班的多呢。

接下来，我的"预言帝"外号便没人想得起来了。以前和我玩得好的朋友，见到我，也都躲着我。尤其是考试前、开家长会前，更是像躲瘟神一样躲着我，生怕发生更大的中咒事件。

唉，现在我一个人上学，一个人回家……好孤独呀！

"过几天，好朋友都会回到我身边的！"

赵静阿姨，帮帮我，希望这样的好事能够灵验！

扯来扯去　男生　四年级

情绪涂改液

亲爱的"扯来扯去"，不管是"预言帝"，还是"乌鸦嘴"，我都挺佩服你的预见能力。考试状元、长跑冠军、没带橡皮、作业出错、小鸡会死、马上崴脚、三班能赢……都被你一一猜中，这说明你是一个非常聪明的孩子，你能洞察同学的粗心大意，了解饲养小鸡的方法，乐于提醒同学注意安全，懂得拔河取胜的关键所在……

这么聪明的一个孩子，怎么会由大家追捧的"预言帝"，变成了一个人人躲着的"乌鸦嘴"呢？

呵呵，所以我不得不提醒你一下：有了一点儿小得意后，你是不是有点儿"忘形"了呢？把不住"嘴门"，说啥都"一针见血"，让人丧气呢？难怪大家对你是"狗咬吕洞宾——不识好人心"呀！

"乌鸦嘴"，原本就是指乌鸦的嘴。但是，现在人们

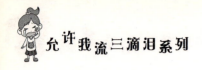

所说的"乌鸦嘴",是用来比喻某人的嘴"特臭",有时也形容某人的嘴巴特可恶,好事说不灵,坏事一说就灵。

看来,亲爱的"预言帝",你就不幸属于后者了。

要改变这种现状,让好朋友重新回到你的身边,你只需改变一下说话的方式就可以了:只关心提醒,而不直"取"结果。

我奶奶养过小鸡。它们还很小,消化不好,吃什么喝什么,都非常讲究;你不要给它乱吃东西什么的,如果喂养得好,它们长得可快了!

你小心点儿踢,操场不太平整,小心不要扭伤了脚。你要是扭伤了脚,会很疼的,也不能和我们一起踢球了。

你的橡皮真的没带啊?我就猜到你粗心。这次我借你使,下次记着带哦。

三班的大胖子太多了,这可是明显优势啊,我们得加油呀!

…………

没错,就像你当"预言帝"那样,多从正面鼓励大家,多从侧面提醒大家,多从背后助大家一臂之力。很快,你的好朋友们就会回到你的身边了。

相信我，我可是一个靠谱的"预言帝"！嗯……应该是一个靠谱的"预言女王"！

成长小测试

你爱管闲事吗

好奇之心，人皆有之。但也得有个分寸，如果对什么事都好奇，什么闲事都要管，还添油加醋地传播，那实在是招人厌烦的。

你是一个爱管闲事的人吗？测试一下，对自己的八卦程度就能有个大致的了解了。

快期中考试了，老师让大家自由复习，而你的同桌不知跑哪儿去了。请你猜想一下，你的同桌会去干什么了？

A. 去厕所了呗。

B. 可能跑出去买水喝了。

C. 有可能溜出去玩了。

D. 他看起来怪怪的，好像是摊上什么事了。

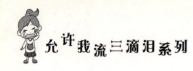

选项分析

选择 A：你不太爱管闲事，也不太愿意管别人的事情，别人的心事，你也懒得猜测。如果有人向你倾诉，你只会敷衍一下，显得比较冷漠。

选择 B：你不喜欢凑热闹，也不喜欢管闲事，但如果同学找你帮忙，你还是会不遗余力地去帮忙的。

选择 C：你对别人的事还算关心，有人求你帮忙，你不会马上拒绝，但前提是自己的事情处理利索了，你才有这份闲心。在帮助别人处理问题时，如果中间插进来一件更重要的事，你也会帮到一半就闪人了。

选择 D：你的优点是，谁的事都是你的事，你都肯帮忙，而且会一帮到底。缺点是，"咦，发生什么事了，他怎么怪怪的？"成了你的口头禅。对方越不说，你越好奇，越要打探。你认为就算帮不上什么忙，探听点儿隐私，也算是一件有趣的事情。

第二章

有主见就是走自己的路

不要太过于依赖别人，

这样会让人觉得很累。

只要你思想上有强烈要改变的意识，

改变就会出现。

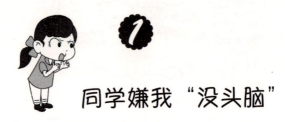

同学嫌我"没头脑"

　　我承认自己很幸福，有疼爱我的妈妈，有关心我的爸爸，从来就是"饭来张口、衣来伸手"。但是，这种幸福是要付出"代价"的：要忍受爸爸和妈妈无休止的唠叨。无论我做什么事，他们总是不放心，没完没了地叮嘱来叮嘱去，真烦死我了！

　　我都小学高年级了，每天上学前，妈妈还会不停地问我："今天吃饱了吗？别漏掉了书和本子，红领巾戴了吗？"面对她的唠叨，我只能忍着无限的烦恼，跟小鸡啄米似的，不停地点头。

　　有时太烦了，我就顶她一句："没带，没带，什么都没带！"

结果招来了更猛烈的唠叨。

虽然学校离家很近，可每天早上，无论上班有多急，爸爸妈妈也要送我；放学后，无论多晚，妈妈也要让我等她来接。

凡是什么义务劳动和集体活动，妈妈让我能不参加就不参加，同学们都讽刺我是"娇宝宝"。

我要当学校运动会的服务员，可妈妈说那能把人的嗓子喊哑；学校组织植树活动，妈妈又说地方太远，而且很累人……许多有意义的活动，都被妈妈以各种理由拒绝了。时间一长，同学们对我没有看法才怪呢。

有一次，春游爬山，我不小心被绊倒了，不由得尖叫了一声。同学们听到后，立即讽刺我说："到底是个'娇宝宝'！"

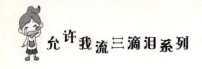

我听了以后，肺都快要气炸了。可这也怪不了别人，平时我表现得确实不怎么样嘛。

体育老师说我短跑很好，把我吸收进了校体育队，他要求我每天都进行训练。有一次，我训练的时候不小心把膝盖摔破了。妈妈就说："一个女孩子，怎么可以有那么大的活动量啊！"以后就再也不让我去了。妈妈跟体育老师编了个瞎话，说我身体太弱，不能一下子进行这么剧烈的运动，然后我就退出了短跑运动队。

有时，我好不容易和同学约好了去打乒乓球，妈妈说和同学在一起疯起来就什么都忘了，会磕着碰着。如果非要打乒乓球的话，等我爸爸有时间了再陪我打。

唉，无论是我跟什么样的同学玩，还是我穿什么衣服，吃什么零食，看什么课外书……只要是我的事，爸爸妈妈都要干涉。我一点儿自由都没有，简直烦透了！

爸爸妈妈一直把我看成不懂事、没脑子的孩子。

有一次，我把好朋友带回家玩，爸爸妈妈就对他们刨根问底，问他们父母是做什么的、他们的学习成绩好不好……吓得他们再也不敢来了。而爸妈却把我当成没头脑

的弱智来告诫我说：“这孩子看着贼精贼精的，以后少跟他玩。”

难怪同学们在一起，也经常议论我是个“没头脑”的家伙呢。

慢慢地，我和同学们就越来越疏远。我没有什么好朋友，同学们都不怎么爱搭理我。我很苦恼，真希望爸爸妈妈以后不要这样了。

哦，忘了告诉您，我连烦恼的机会都没有。

妈妈会经常问我：“有什么不顺心的事吗？不要自己一个人闷在心里。”

每当这时，我就会不耐烦地对她说：“知道了，烦死人了！”

妈妈就会点着我的脑袋说：“你呀，越来越任性了！”

瞧，妈妈的“关心”，又平添了我的一个烦恼。

其实，很多时候我并不想这样，我很渴望和大家一起学习，一起玩，可是妈妈却总是担心这个担心那个。我很想用实力来证明我长大了，但是在他们的眼里，我永远是不懂事、长不大的小娃娃。

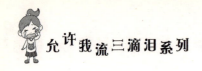

其实，他们错了。我也有理想，也有自尊，也有自己的爱好，也有很多的烦恼……

小木瓜　女生　五年级

👑 情绪涂改液

亲爱的"小木瓜"，如果继续这样下去，还真没准儿，你会变得越来越木，不过是"木偶"的木。这样长大的孩子，会养成事事依赖别人的习惯，没有自己的主见，等长成大人后，想弥补也弥补不了喽。

跟爸爸妈妈多聊聊天，让他们感觉你长大了，对待事物有自己的观点和做法。对他们说，别太在乎我！我不是你们所想象的那样头脑简单、弱不禁风。

如果他们听不进去，那你就直接问他们："如果有一天，你们老得不能动了，而我又什么也不会做，那怎么办呢？"

"我想用自己的实力证明自己长大了！"你这句话说得太好了！

为了展现出你的独立性和做事的能力，那就从家里的事情做起吧。

比如，帮妈妈做一些刷碗、扫地、倒垃圾这类的家务，而且还要做得很好，可千万别越帮越忙哦，这可是在展现自己的能力，取得他们信任的关键时刻。

之后就可以请求他们给你一个星期的时间。在这一个星期的时间内，上学放学，都不许他们接送。每天，不许他们帮忙收拾书包和房间，也不许他们每天早上唠叨东西带没带。你向他们保证，如果你做不好这些，以后不管什么事都听他们的。

无论学校组织什么活动，一定要积极参加，比如春游踏青、秋季爬山、冬季滑雪等，都要积极参加。但是，一定要注意安全。只有安全了，爸爸妈妈才能放心你，然后才会信任你呀。

第一周挑战成功后，再实施你的第二周计划、第三周计划……一直到爸妈终于相信你长大了为止。

做出保证后，你可要胆大心细哦，只许成功，不许失败！

你一定会挑战成功的！因为，你是个很要强的女孩子嘛！

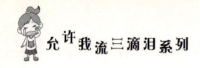

👑 成长小测试

测测你的主动性

搬了新家，在布置自己的房间时，如果窗外有一大片漂亮的草地，你会为这扇窗挑选什么颜色的窗帘？

A. 红色。

B. 蓝色。

C. 黄色。

D. 白色。

选项分析

选择 A：遇到一个跟自己聊得来的人，你就立刻把对方当成了自己的知心朋友，把自己的心里话统统向他诉说个没完。即使没得到对方的积极互动，你还是说个不停。劝你要注意把握好分寸哦，聊得来，能成为好朋友，但是，不是每一个好朋友都有耐心听你"唠叨"哦。

选择 B：你不太习惯和爸爸妈妈、好朋友做出一些亲密的动作，比如拥抱一下、打一拳之类的。总之，你是个有内涵的人，不喜欢过多表露自己的情感。但你给人的感觉却是很有分寸，让人觉得你有很多优点。你的人气很旺哦。你对人的态度是：最好谁也不得罪。同意别人的观点，你会赶紧表达；不同意对方的观点，你既不说同意，也不说反对，而是闭嘴，或者说点儿别的，岔开这个话题。

选择C：你天真无邪，甚至有时显得"没心没肺"。你好奇心强，不刻意迎合别人，与人交往总是显得很自然、很随意。

选择D：你性格温和，说话婉转，让人听了非常舒服。但因为过于附和别人的意见，让自己显得很没主见。所以，遇到问题时，你要多多地跟着自己的感觉走，而不是一味地迎合别人。

2

"耳根子软"女孩儿的变身

赵静姐姐，我是您的忠实读者，也非常喜欢您。今天，我想向您谈谈我的问题，希望您能帮助我。

我有一个朋友叫曲曲（网名），和我同班。虽然算不上知心，可她人还是很不错的，但她的心眼儿很多，所谓"知人知面不知心"呀，这句话真有它的一番道理。

以前，我并不太了解曲曲，认为她这个人是不会在背地里讲别人坏话的。可有一次，在放学回家的路上，我算是看到了她的本来面目。

"你知道吗？柳柳可坏了。"柳柳是我的好朋友，曲曲今天和柳柳产生了矛盾。

"她怎么坏了？"我听了以后非常吃惊。

"她喜欢占人小便宜，老借别人的笔呀、橡皮什么的。"曲曲很不屑地说。

"哦。"我笑了笑。

"她表面上和你挺好的，其实，背后老说你的坏话。上次选课代表，我问她投你的票没有，她说她投了，实际上她没投。真是个骗子！"曲曲又对我说道，语气中有点儿小愤怒。

我又大吃了一惊："这是真的吗？"

上次竞选语文课代表，我确实以两票之差落选了。

"当然是真的！"曲曲狠狠地点着头，"她对好多人说，她投了你的票，实际上她在骗人。"

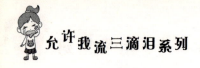

"没投就没投，没什么大不了的。我不是又竞选上英语课代表了嘛。"虽然话是这么说，我的心里还是有点儿不舒服。可能是因为柳柳没投我的票，也可能是因为曲曲在不停地说我好朋友柳柳的坏话。那一刻，我也真有过和柳柳绝交的念头。

接下来，曲曲又说了我好多好朋友的坏话，还不让我和她们玩。

听了这么多好朋友的坏话，我虽然感到很吃惊，但并没有在意，而且仍像以往一样和曲曲相处。

可接下来的几次，有别的同学甚至我的好朋友都告诉我说，曲曲总是在背后说我的坏话，还常挑拨我和同学之间的关系。

本来，我们班有一些女生平时就喜欢"说来说去"，互相说别人的坏话，我是中间派，所以她们经常会和我说一些对方的事情，我总是觉得这方说得有道理，另一方也没什么错，搞不清楚到底听谁的。于是，她们就说我"耳根子软"。

其实，我不是"耳根子软"，而是我有点儿困惑、有点儿糊涂了。到底谁对谁错？为了能明辨是非，我觉得应该多听听大家的意见。

听得多了，我不得不放在心上了。

经过观察，我发现曲曲不仅心眼儿多，而且她还从心里忌妒我。

我不想和这种人做朋友，可又不好明说。为了避免伤和气，我便很少和她来往，可她却又总缠着我。

和曲曲相处，我防不胜防，最后倒霉吃亏的总是我。更可恶的是，在和我聊天的时候，她还故意挑我的毛病、指责我。我真心和她交朋友，可她却反倒想办法整我，难道这是我交朋友付出的代价吗？

听了我的故事，您能告诉我该怎么做吗？祝您的书写得越来越好！

笨笨羊　女生　四年级

情绪涂改液

亲爱的"笨笨羊"，你很大度，而且人缘也不错嘛。

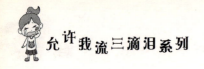

好朋友向你倾诉，好朋友的对立面也向你倾诉。

你时而认为这方有道理，时而又认为那方也没什么错，呵呵，善良的你，就被好朋友视为"耳根子软"了。

为了表明自己不是"耳根子软"，而是有点儿困惑，有点儿糊涂，你决定做一个"明辨是非"的人。经过观察，你发现曲曲的确是一个心眼儿多又忌妒你、甩不掉又防不胜防，而且时刻想整你的人。

"听了我的故事，您能告诉我该怎么做吗？"

首先，你要做回原来的你——继续糊涂呗，准确地说，是装糊涂。

女生圈里就喜欢"说来说去"，今天吵架，明天就有可能和好。"一地鸡毛"的小事，每天都在发生，"说来说去"的游戏，也每天都在上演。

在"明辨是非"的情况下，在不困惑的情况下，只要你能继续糊涂，没错，继续装糊涂，保持你的中立，你的好人缘会依然存在。

如果你非要弄个明明白白的话，你的朋友圈不仅会大大缩小，而且你这个中间派，也会卷入这些"口水大战"之中。

每次，有人向你"说来说去"、图个口舌之快的时候，你没必要附和她们，你只需表明你在倾听就行："哦，是这样子呀？""啊，你当时气坏了吧？""在气头上，说的话都不会好听的。"……总之，不要火上浇油，而是想办法撤火，让对方慢慢平静下来。

其次，继续做一个大度的人。

好朋友没投你的票，这的确令人伤心。但你不能因为这件事就和好朋友绝交。每个人都有自己的想法，也有自己投票的权利哦。

你可以反思一下自己做得不够好的地方。也许柳柳不是真心骗人的，可能因为没投好朋友的票，又被别人追问，所以她只是想掩盖一下尴尬，或者不想得罪你，也可能是想保住你的面子而已。

最后，也是最重要的，既然承认自己是个"中间派"，那就担起"中间派"的职责吧。

每当你置身于"说来说去"的环境当中时，你可以及时转换话题。小女生的话题可多了：如何喂养小宠物呀，喜欢哪个歌手呀，哪种零食最有营养呀……

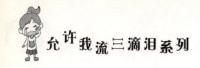
你还可以组织体育比赛，爱"说来说去"的女生PK（对决）精力旺盛的男生，肯定是一件非常有趣的事情。

有了更好玩儿的事，有了可聊的主题内容，哪有闲工夫去"说来说去"呀，不是吗？

只要你做到了这些，你那"耳根子软"的外号，自然就会被"调停天使"取代了。

👑 成长小测试

你能否独立做出决定呢

你是不是一个"耳根子软"的人呢？在需要做出决定时，能否独立做出判断呢？

1. 一群朋友计划去做一件你不想做的事，你将怎么做？

    A. 什么都不说，只是跟随着他们。

    B. 向他们解释你不想做的原因，并且劝说他们最好也不要去。

    C. 问一下父母，看他们认为你应该怎么做。

D．找个借口拒绝参加。

2．你和一个朋友相约在公园里玩一天，你会如何安排？

A．希望你的朋友做出必要的安排。

B．把计划要做的事记下来，然后开始筹备。

C．请自己的父母或朋友的父母帮忙安排。

D．没什么计划，觉得这种事能够顺其自然。

3．你的一个朋友正在被其他一些人取笑，你能看出他（她）为此感到不快。这时你会怎么做？

A．和别人一起取笑，因为你怕他们说你不敢这样。

B．告诉那些人你认为他们这样做是粗暴无礼的。

C．问问父母你应该怎样做。

D．什么都不做，只是希望这些人过一会儿就会偃旗息鼓。

4．你正在写作业，一个朋友来找你出去，你会怎么做？

A．请家里的一个人去开门并说你感到不舒服。

B．告诉朋友你正在写作业，不能出去玩。

C．你自己去开门，并为你不能出去而请他原谅。

D．停止写作业同朋友一起出去。

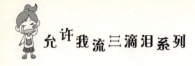

允许我流三滴泪系列

选择结果分析

每道题选 A 得 1 分，选 B 得 3 分，选 C 得 2 分，选 D 得 1 分。

11~12分：你能够独立思考，并善于运用自己的智慧。你可以自己做出决定。不过要记住，在某些情况下，应和成人或朋友谈谈，征求他们的意见，并坦率地同他们讨论你的选择。

8~10分：你已开始学着自己做决定，但似乎还缺乏自信。以往你也许宁愿依赖他人的意见。现在你已成熟，应该对自己的行为负起更多的责任，这就意味着你要自己做决定，即使难免会犯些错误。

4~7分：你应该更自信一点儿，说出自己所想的，自己做出决定。不要过于受你的朋友的想法和行为的影响，也不要由你的父母为你做出所有的决定，不要满足于简单从事。做决定可能是困难的，但你得自己安排自己的生活，而不是由别人来安排，不是吗？

3

被呼来唤去的"肉夹馍"

容容是我最要好的朋友，算得上亲密无间的好朋友，我总是把所有的心里话都跟她说，但有一点让我很不舒服，就是她总把我当作用人来使唤，让我替她买水，替她交作业，甚至替她做值日，替她背书包……

对于她的呼来唤去，我也曾反抗过。

昨天，她让我替她抄作业，我很生气，准备想一个理由拒绝她。但是，话还说出口，她就不耐烦地冲我大叫："你要是不帮我抄，我们就绝交！"无奈，我只得把拒绝的理由又憋了回去，我怕她真的跟我绝交，这是我的心里话。

虽然这次她没和我绝交，但她对我更霸道了。

她动不动就冲我大喊大叫，上课老踢我的凳子（她坐

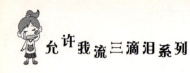

在我的后面)……

凳子被踢来踢去，让我心里好烦，无法听课。

有时候，在我写作业的时候，她还会在我背后大声读书，故意影响我。

可是，我又不敢阻止她踢我的凳子、阻止她大声读书，怕她和我绝交。

好多同学都和容容要好，我也想继续和她做好朋友，所以，我不敢得罪她。

这一天天的日子，可真难过呀，我该怎么办呢?

上周五，我在写作业时，容容故意往我背上扔粉笔，可疼了。我就告诉她，别扔了，都扔三次了。

容容，还有围在她身边的一帮女生，就骂我，叫我道歉。

我不明白我为什么要道歉，向谁道歉？

容容指着其中的一个女生对我说："上次，我让你陪她去买修改液，你没有去，就得向她道歉。"并且一边说一边继续踢我的凳子。

真是莫名其妙，我招谁惹谁了？没陪她去买修改液，就得给她道歉呀？

虽然从表面上看，我一直在笑，其实，我的"玻璃心"已经碎了一地。

我承认我容易受伤，可让我受不了的是，伤害我的不是别人，而是我最要好的朋友容容。我多想让自己变得坚强一些啊！

就在昨天放学的时候，容容让我别再等她了，她说她不想和我一块儿走，她还告诉我，她向我家邮箱投了信。

我问她："信里都写了什么？"

她说："我在信里说了'我们绝交吧！'这次，我的态度是很坚决的。我觉得我们都不快乐，既然都不快乐，

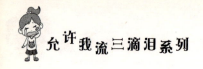

何必老待在一起呢……"

唉，这次，我真的努力了，尽管我心里极不情愿，但我还是替她做一切可以做的事情，可是，她却一点儿也不领情。唉，我们之间为什么不能平等一些呢？

最让我难过和紧张的是，容容和我绝交后，天天追随着她的人，也都会和我绝交，我会一下子失去很多好朋友的。而且容容还威胁我，绝交后，她会把我所有的秘密都说出去，让我变成一个"肉夹馍"。

我该怎么办呢，真是痛苦死了！

肉夹馍　女生　四年级

情绪涂改液

亲爱的"肉夹馍"，把你当成"用人"来使唤的、每天冲你大喊大叫的、踢你凳子挑战你忍耐极限的容容，就是你口口声声所说的"最好的"朋友？

"可怜之人，必有可恨之处！"读完信后，这是我最想对你脱口而出的一句话。

容容不懂友情、傲慢无理、强势欺人，但是，她为什么不对别人这样，而唯独对你这样呢？那你就得好好反省一下自己，是不是自己的软弱与过分忍让才养成了她对你的这种无礼。如果你不改变自己的话，你只能让她继续欺负、继续给她当"用人"了！

如果不甘心给她当"用人"，不想被她吼来吼去的，不想尊严扫地，那就听听我的建议吧。

首先，给自己洗洗脑——这样的朋友，绝对不是好朋友，甚至连一般的同学都算不上。千万不要怕得罪她，你越怕，事情就会变得越糟。再说了，这样的朋友，绝交也罢。

其次，改变不了她，就改变自己。当她对你吼叫的时候，你就盯着她的眼睛，没错！不是那种躲闪地看，而是死死地盯住她的眼睛！一字一句地告诉她："不要冲我喊叫！"然后转身走开。

如果她上课老踢你的凳子，你先小声警告她："不要踢我的凳子！"如果她还继续踢，你课后可以和老师单独聊聊，倾诉一下你的感受与困扰，老师一定会理解你、原谅你并帮助你的。

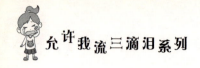

"我多想让自己变得坚强一些啊！"

要想让自己变得坚强，就得从"心"开始——从那颗"玻璃心"开始。

你要学会拒绝，当然不是拒绝相互帮助，而是拒绝无理要求。拒绝替她交作业、做值日、买东西、背书包……除非她生病或者受伤了，除非她遇到困难无法克服时请求你帮忙！

记住，是"请求"，不是"命令"哦！

学会调整自己的生活内容，维护好自己的尊严。

有意思的事情多着呢，干吗要这么死心眼儿，把所有的心思放在一个对你呼来唤去的人身上？

听听音乐，读读课外书，作业全对勾，测验拿高分，和新交的好朋友一起去打球、跑步、疯一身臭汗，回家洗个热水澡……整天过得忙忙碌碌、舒舒服服，哪有时间去看别人的脸色啊？

当你自己做出了改变之后，你就会发现，容容对你的态度也将发生惊人的变化——当然是对你刮目相看了。

"我们之间为什么不能平等一些呢？"

相信我，只要你做出了改变，你的这个困惑就一定会消除的！你的这个愿望也一定会实现的！这都是你自己努力的结果。

当然，我说的这种"努力"，和你以前所做的"真的努力了"是截然不同的，这个不同，你应该明白！

亲爱的"肉夹馍"，加油！哦，对了，改变了观念，改变了行为，改变了心情，也改改名字吧，叫什么好呢？"笑容女王"怎么样？

👑 成长小测试

你的社交能力有多强

在与人交往中，你的社交能力有多强，做做这个测试吧。

这节课是手工课，你决定做一个存钱小屋。这个小屋的主色调是橘黄色的，可是，正巧你缺这种颜色，你将怎么办？

A. 出去买。

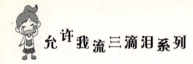

B．临时换成别的颜色。

C．随便什么颜色。

D．请同学出去帮你买。

选项分析

选择 A：与人交往的能力强，比较独立。

选择 B：与人交往时比较随和，随遇而安。

选择 C：与人交往时能够默默付出，不挑剔，不贪心，能为别人做好多事情，不计回报。但有时，这善良容易被人利用。

选择 D：性格大大咧咧，做事不拘小节。与人交往时，只要把握好度，避免为难别人就可以了。

黏人的"脑残酸菜牛肉面"

亲爱的赵静阿姨：

您好！

我是您的忠诚读者。有一个关于"死党"的问题，已经困扰我和我的死党小徐三年了，希望您能帮我们解决一下。

我和小徐，一直是非常好的朋友。

在二年级的时候，突然转来了一个女生，她叫谈斯媛，外号是"脑残酸菜牛肉面"。她自从来了以后，就一直黏着我和小徐，我和小徐的好日子就到头了。

"脑残酸菜牛肉面"为什么老黏着我和小徐？因为我、小徐和她一直都在一个组。在班里，她没有一个知心朋友，所以，只能黏着我们。

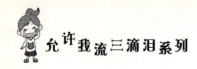

黏就黏吧，可是她还老翻白眼，老说"切"，老是一副不服气的样子，让人看着很不好受！

我和小徐在一起，总有聊不完的话题。可是，只要"脑残酸菜牛肉面"一插话，我们的聊天兴趣就全没了。没错，她接话茬儿的时候，不是翻白眼，就是不屑地来一句："切，真无聊！"

有时，在我们很安静的时候，她又会说一些莫名其妙的、很"二"的话，做一些很"二"的动作，真搞不懂她呀！

赵静阿姨，您能理解我们的感受吗？

另一方面，我总是感觉"脑残酸菜牛肉面"在利用我们。

她的外号叫"脑残酸菜牛肉面"，其实，她一点儿也不脑残，相反，我倒觉得她特别聪明。她会想尽一切办法取得我们的信任，然后，利用我们的信任，去做一些对她有帮助的事情。本来前几次利用我们，我们都没什么感觉，可是后来，我发现每次都这样，总是她受益，我和小徐吃亏，总是这样，总是这样……

本来我对朋友都不起疑心、没有防备的，可她和我们在一起玩的时候，我总觉得她有什么目的，她又想捞到什么好处。"脑残酸菜牛肉面"是硬挤到我和小徐的圈子中来的。我们和她的关系还没有铁到那份儿上。

不知道为什么，我和小徐有时会很烦她。也许在我们心里，一开始就没把她当成好朋友吧。

因为和她做朋友，总是要为她的利益去帮她。哎呀，和她在一起，搞得我也好累啊！

我不知道怎么说她了，反正她在我心里，有优点，也有缺点。

准确地说，我讨厌的不是她的缺点，而是她的优点。比如，她的洞察力很强，观察得也很仔细。在观察的时候，一般都不作声，因为她一直在观察、观察、观察……这让我觉得她很讨厌。

有时，我们和她关系改善一点儿了，我对她的交往目

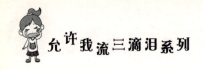

的也不起什么疑心了，结果，她又开始索取，让我感觉更加厌烦，更不想和她做朋友，更不想和她一起玩了。

其实，我们也不是不想和她成为好朋友，而是她有时特别过分，令我们很烦她。您说我们以后该怎么办？

我就跟您聊到这儿，我妈妈又叫我关电脑了，希望您能帮我们解答这个问题。

格格　女生　四年级

情绪涂改液

亲爱的"格格"，读着你的来信，对"脑残酸菜牛肉面"，我感到很心酸。

作为"脑残酸菜牛肉面"，哦，为了尊重她，我们应该叫她谈斯媛。一个刚转学来的学生，刚到一个陌生的环境，她是多么想融入新的集体，多么渴望结交新的朋友啊！也许观察到你和小徐比较友善，所以，她才会像个跟屁虫一样黏着你们。

其实，我还是很佩服谈斯媛的。因为刚到新的集体，面对种种不适应，她能掩藏起自己的无助，极力想融入你和小徐的小圈子来，只是融入的方式和方法让人难以接受。

由于谈斯媛的加入，打乱了你和小徐平静的好友生活。这让你和小徐很不适应，更由于谈斯媛的种种夸张的行为，让你越来越讨厌她。

如果你了解了谈斯媛的内心需求，你就会和我一样理解她了。

喜欢翻白眼，习惯不屑地说"切"，总是一副不服气的样子，都是她对自己内心深处自卑的掩饰。

以你们这个年龄段，这种自卑，你和小徐是不会理解的，也许连谈斯媛自己都不会承认：切，我哪有自卑呀？

事实上，从心理学角度来讲，就是这样的。

"她的洞察力很强，观察得也很仔细。在观察的时候，一般都不作声，因为她一直在观察、观察、观察……这让我觉得她很讨厌。"

"有时，谈斯媛会说一些很'二'的话，做一些很'二'的动作"，我猜她无非是想让大家热闹起来，不冷场。这是她的好心好意，可也许她用错了时间、地点，对现场气

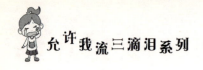

氛把握不准，总之，她就是想讨好你们，想获得你们的友谊。

也许你所讨厌她的，不是她很强的洞察力，而是讨厌她默不作声、在旁边观察你和小徐的表情——一副很有心计、很想利用你们的信任索取一些什么好处似的。

事实上，只有不自信的孩子，才会悄悄地、不动声色地察言观色，其实她想从好朋友身上索取的，只是温暖的友情而已。

"您能理解我们的感受吗？"

我当然能理解你的感受。经过我对谈斯媛内心需求的分析，你和小徐也应该理解她了吧？

换个方式去对待谈斯媛吧！她的所作所为，只不过是想获取真诚的友谊而已，而不是想要破坏友谊。请你们去理解她、关心她吧！

在温暖的友情里，谈斯媛会越来越自信的。自信的她，会慢慢抛弃那些让你不喜欢的小缺点。

烦她的时候，你也可以恶作剧地学一学她翻白眼的样子啊；不烦她的时候，就一块儿开开心心地玩，也非常不错啊。再说了，都三年时间了，经过无数次的磨合，经过一千多天的相处，早应该成为"铁三角"了才对呀。

亲爱的"格格"，被人当成好朋友、被人黏，是多么甜蜜的烦恼呀。

在我看来，你、小徐和谈斯媛，都非常可爱纯真、充满友善，只是缺乏理解。

多年之后，如果你身边还有一些黏着你的朋友，那就成为了真正的朋友——永远陪伴着你的朋友。所以，从现在开始，好好珍惜这样的友情，做一辈子的"铁三角"吧！

♛ 成长小测试

你是一个爱犯"二"的人吗

和同学相处的时候，你是一个爱犯"二"的人吗？测试一下就知道了。

夜里，你做了一个梦，梦见自己期中考试考了双百。上学几年来，这可是开天辟地第一回呀！

笑醒之后，你要做的第一件事可能是什么？

A.赶紧给自己做了一张奖状。

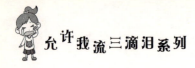

B. 觉得这只是一场梦。

C. 觉得是自己痴心妄想。

D. 赶紧打电话告诉好朋友。

E. 非常高兴，觉得是个好兆头。

选项分析

选择A：把梦当真，可能有点儿天真。不过，总的说来，你很单纯，快乐也很单纯，但容易被人蒙骗。

选择B：你很聪明，分得清现实与梦想。你如果有时犯"二"，那纯粹是为了调节气氛，逗大家开心。

选择C：你容易冲动，愿意为朋友做一切事情，宁愿自己吃亏，从不计较；爱心泛滥，即使对方伤害了你，你还是对人好，是那种好到骨子里的好，不惜代价的好。

选择D：你很冷静、很理智、很现实，即使偶尔犯一回"二"，那也是无意犯下的。

选择E：生活中，你经常丢三落四，办事不靠谱，让人号不准你的"脉"。但你是一个非常可爱的人，朋友和你在一起，会快乐多多。

5

"堕落天使"的眼泪

　　亲爱的赵静姐姐，自从看了您的书以来，我就特别特别想写一封信给您，请您帮我解决困难。

　　我现在快 11 岁了，读小学四年级。

　　我现在读的是寄宿学校。这所学校，是我们这儿最好的学校，多少人梦寐以求的好学校。而我在这里却生不如死。

　　在来这儿之前，我不知道情况，也以为这里各方面条件都很好，可我错了，它不属于我，我更不属于它。

　　我是上学期刚刚转来的，我对这里很不习惯，非常想家，十分讨厌学校……

　　这里的休息时间很少，十分严格；这里的学习，完全靠学生死学，我都快崩溃了；这里的老师也十分"黑"，

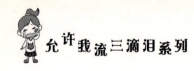
虽然国家规定了九年义务教育，但他们除了收 1000 元的学费外，还三天两头地向家长要钱。

更有甚者，有一次，我看到这儿的老师抓住一个犯了错的学生，处罚的方式就是让他去买零食，或者交 100 块钱，要不然就对他进行打骂，或者叫他家长来。那个学生害怕了，就给了老师 100 元钱，而且也不敢告诉家长。这一周他都是借钱吃饭，有时借不到就不吃了，饿得脸色都非常难看。

唉，我实在不想在这儿待下去了，但父母又不同意。我向爸妈哭诉过几次了，甚至有一次闹到姥姥家，但他们还是不同意。

我是一个从没离开过家的、很内向的男孩子，在原来的学校，还被称为"堕落天使"。对这个外号，说实话，我一点儿也不反感，因为以前的同学没有什么恶意。而自从我转学了以后，一星期才能回家一次，以前的知心朋友都慢慢地与我疏远了。

　　以前不住校的时候，即使受一点儿挫折与失败，心里也永远"住"着一个家，虽然不很富有，但有一个宽容的爸爸和一个体贴的妈妈，永远不孤单。而自从上了这所学校后，有时星期天晚上回校上自习时，我就会突然想家，眼泪不禁要夺眶而出，但又总是被我使劲憋了回去。

　　每天晚上，当生活老师关灯后，我总是自己偷偷哭，总有一种眼泪流不完的感觉。第二天，眼睛就像个大包子一样肿。晚上常常会有失眠的情况，爸爸妈妈说的什么数绵羊、睡前深呼吸、编故事、背单词、背作文等等方法，我都试过了，都不管用。听到同学们睡着后打呼噜的声音，我心里很烦躁，越烦躁便越睡不着。

　　在我的日记里，我会时常写几句鼓励自己的话，例如"坚持就是胜利""不经历风雨，哪能见到彩虹"等等。但是，一点儿用也没有。

　　唉，一天天的，就这么糊里糊涂地过去了。

　　姐姐，我知道您很忙，但是，我真的很希望您能看到这封邮件，能回信帮帮我这个可怜的孩子。

　　拜托了！我的文笔不好，希望没耽误您的时间，以后

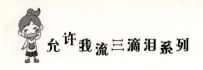

我还会给您发邮件的，谢谢！

赵静姐姐，话说回来，您写的书，《超级无敌败家女》《老妈你真烦》等等真是太好看了！我家里有一大堆您的书，都是我的"重点保护对象"呢！

赵静姐姐，您就再多写几本吧，让我好好看个够！祝您的小说写得越来越棒！

堕落天使　男生　四年级

👑 情绪涂改液

亲爱的"堕落天使"，读了你的信，我心里很难过，为你的处境——我是指"心理"处境。

首先，能转到这样一所当地最好的学校，不是一件容易的事。所以，你要体谅爸妈的坚持，而且你向父母哭诉，是不是没说到点子上，让他们无法理解你？更何况，在当地，这个学校还是被普遍认可的。

如果你的父母真的坚持将这所学校"进行到底"，那么，你只能改变自己了。

在整个来信中，你除了诉说自己流眼泪、失眠，认为老师要求严、没朋友外……就没有一丝一毫的快乐，真像你所说的，过得生不如死呀！

如果这所被公认的好学校，在你眼中却一无是处、可恶无比，那一定要反思一下自己：你有多少心思花在钻研学业上？在体育课上流下了多少汗水？在集体生活中，你交了几个朋友，哪怕只是普通朋友……

在成长过程中，我们还会不断遇到新环境的挑战。所以，你一定要学会适应新环境，学着尝试改变自己。

你的外号虽然叫"天使"，却是"堕落天使"，我们真正的外号应该是"阳刚男孩儿"，对不对？

作为男子汉，你千万不要把自己想得那么可怜——身边没有宽容的爸爸和体贴的妈妈，你越这么想，你就会越难过。

其实，未必我们是最可怜的，比起那些上不起学的孩子，比起那些贫困山区的留守儿童，我们还是很幸福的。

如果靠哭闹改变不了爸妈的决定，那就建议从下面几个方面改变自己吧。

你可以留意一下那些性格开朗的同学，或者你比较佩服

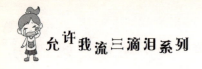

的同学，逐步接近他们，与他们成为好朋友。在远离父母的环境里，有一两个知心朋友后，你就会觉得心里很温暖，这有利于你适应环境。从他们身上，你也可以学到一些与人相处的方法。

不公平的现象，毕竟是极少数。你要学会正确看待不公平的现象。你可以帮同学出主意，也可以寻求校长和父母的帮助。

性格内向不是可怜巴巴的借口哦，一定要暗示自己：我是一个男子汉，长大以后，还要保护年老的爸妈呢。

把心思从伤心流泪转移到专心学习，你的种种不如意会减轻一点儿。

关于失眠的问题，你不用数绵羊、背作文……体育课上，或者，每天课外时间，你只需要到操场上跑出一身臭汗来，我保证你也能打出香甜的呼噜。

试试吧，给自己一点儿时间哦。

"我什么都试过，没有一点儿用。"出现这种情况，只有一种可能，那就是你只是想想而已，却没有实际行动，或者没有坚持，只是试试而已。

亲爱的"堕落天使",让我们一起行动吧!你要努力改变自己,成为一名阳刚男孩儿。我也要加油,争取写出更棒的作品,让它们再次成为你的"重点保护对象"!

♛ 成长小测试

你的依赖性有多强

从小到大,爸爸妈妈什么都替我们想好了,办好了,不用我们动一点儿脑子、费一点儿力气,好像我们一点儿也不用烦恼,有什么事情,爸爸妈妈都可以帮我们搞定。事实上,等我们长大以后,换个环境以后,没有爸妈的支持时才发现,我们已经失去了解决问题的能力。做下面的测试题,看看你的依赖性有多强。

放学了,爸妈却因为临时有事不能按时接你,但他们请一位叔叔来帮忙接你回家。这位叔叔是骑自行车来的。当你坐在自行车后座上时,你的手会怎么放?

A. 坐直身子,用手抓好自行车的后座,免得自己摔下来。

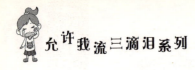

B. 用手拽住叔叔的衣服。

C. 把手放在自己的膝盖上，或者干脆哪儿也不扶。

D. 双手紧紧抱住叔叔的腰。

选项分析

选择A：你是一个很独立的孩子，依赖性不强，遇事冷静、理智，应对自如。

选择B：你表面独立，内心却很脆弱敏感。你的依赖性比较强，但你也明白应该学会独立。你也在努力，但内心深处，你还是渴望有所依赖，只不过很少得到满足而已。

选择C：你不喜欢依赖别人，更不喜欢被人依赖。在学习和生活中，你特立独行，很有思想，也很有能力，只是脾气有点儿急，与人相处没有耐心，所以你的知心朋友很少。

选择D：你是个依赖性特别强的人。你不太自信，遇事逃避，很怕承担责任，在集体活动中，也不能独当一面，而是总依附着大家，显得很没能力似的。其实，你不是能力差，而是没有自信，要相信，别人能做到的，你一定也能做到。从现在开始，你就尝试独立完成一些小事情，为以后独立做好准备吧。

第三章

孤独其实就是沮丧

不要总暗示自己"我是个无关紧要的人",

这样会引爆你心中固有的自卑感。

周围永远都有等待挖掘的友谊。

不要坐等别人邀请你,

要学会主动把握。

"斑点"胖妞的待遇

亲爱的赵静阿姨,我好喜欢您的书喔!

发电子邮件给您,是因为我有好多烦恼想对您说。只有您,才会认真地听我讲完。

在众多烦恼中,我先选择两三件来向您倾诉。

以前,我是个快乐的女孩子,注重外表,每天都穿得很体面,成绩一直很好,性格外向。但不知从什么时候起,我越来越胖了,身上没一个地方是好看的。

举例来说,我的腿太粗,腰也很粗,一身肉,脸太胖……同学都叫我"矮冬瓜"。

我妈妈挺胖的(但是我很爱她),我好朋友也挺胖的(但是我没歧视她),我姐姐也越长越胖了,我好怕有一天会变成她们的样子。

有些女生很排挤我，见到我就说："'矮冬瓜'来啦，我们快点儿绕道走！"

还有，我是个"数学白痴"，那些女生经常围观我的试卷："哟，'矮冬瓜'考得那么差！别给我们班拖后腿啦，干脆你退学算了。"

上学的时候，没人和我玩，我总是独来独往。

周末，爸爸妈妈总是加班，我也只能待在家里做作业。

妈妈经常出差，所以，我常常只能一个人吃饭、睡觉、看漫画……

后来，我喜欢上了写小说。

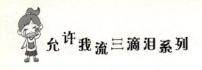
有一天，我去食堂吃饭了，那些女生们居然趁我不在翻我的东西，看到了我写的小说。见我回来后，她们就嘲笑我说："哟，'矮冬瓜'，你写小说啦？写得真烂啊！"

她们还商量好欺负我，比如把刘通的作业本放进我的书包，然后，刘通就大叫："谁偷了我的作业本！"很快，她们就从我书包里拿出作业本来，对我说："'矮冬瓜'，你真胆大啊！偷人家作业本！"

从三年级开始，到现在已经三年了，我一直"享受"着这种"待遇"。

我好羡慕那些苗条的女生啊，能穿好看的衣服，有好多朋友，不会自卑，不被人欺负……

"不要自卑，要看到自己的闪光点。"我不想听这样无用宽慰的话，我只想得到一个有效而快捷的减肥方法……

减肥太难了！因为我特别能吃，是个"吃货"！而且我一点儿也不爱运动。一做运动，我的胸口就很压抑，还会肚子疼，大口喘气，累得像摊烂泥，连上体育课我也要找借口请假。

我曾想过要少吃点儿、多运动，但我不行，根本不行！

我试过很多减肥的方法，但我坚持不了！

请问有什么办法能让我减肥或是保持苗条的身材呢？如果您也没有办法，那么请您开解一下我这个胖孩子吧！

另一件烦恼是，我的脸上还长出了许多小痘痘，其实是许多斑点啦。

那些调皮的男生，又给我取了个新外号"麻子婆"，我自然很难过，因为伤了我的自尊心。可我何尝不想拥有一张无瑕的脸庞呢？但这是先天的因素，我又有什么办法？

我已经是五年级的学生了，知道了丑、美、善、恶，我觉得现在的自己真的非常难看。每次从镜子中一看见自己肥厚的脸盘儿，肥胖的身材，我就恨不得把镜子捶烂！

人不可能是十全十美的，总有一些不足。真正的美不在于外表，而在于心灵……这些道理我都懂，但最终也抵不了同学们的嘲笑。

我非常害怕他们长期嘲笑我，这会影响我的学习，导致我的成绩下降。所以，求您帮帮我，我不想让自己美好的年华就这样白白流逝。

小样　女生　五年级

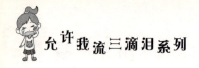

👑 情绪涂改液

经常一个人吃饭、睡觉、看漫画，独来独往，没有朋友……

亲爱的"小樣"，读着你的来信，我真的好心疼你呀！

越来越胖，脸上出现了小斑点，被同学取笑与欺负，自称"数学白痴"……这一切，都足以将一个小女孩儿的自尊摧毁，但你依然那么热爱生活，那么追求进步，"不想让自己美好的年华就这样白白流逝"。

这让我在心疼的同时，也十分佩服你。

人的身材，虽然遗传占了很大的比重，但后天的锻炼与营养也会起到很大的作用。我们改变不了遗传的因素，但后天的努力，自己还是可以掌控的。

把自己喜欢吃的、又含热量不高的食物，放在早餐和午餐中。每餐七八成饱就行。记住，要慢慢地品尝美食，而不是"狼吞虎咽"哦。晚餐可以喝一些由燕麦片、薏米和小米熬成的粥，饿的时候喝上一两口，准有饱腹感。

这种节食方法能坚持下来的理由是：哈哈，好期待呀，明天还可以吃到好吃的——细水长流嘛，一点儿也不痛苦。

哦，对了，家里千万不要备零食！

晚餐后，在小区或者家附近的公园里快走 40 分钟到 1 小时。没错，虽然跑步不能坚持下来，但快步走还是能坚持下来的。

除了自我锻炼外，一定要好好上体育课！

运动量一点儿一点儿地增加，绝不会把你累成一摊泥的。相反，随着运动量的增加，你会觉得自己的身体越来越轻巧的。

在家里放一台秤，每天早上起床的第一件事就是上秤，并记录每天的体重。

对了，你不是也有一些偏胖的朋友吗？可以相约一起做运动呀——集体运动往往更容易坚持。

被人叫"矮冬瓜"，被一些女生捉弄和欺负，我觉得她们已经表现得很不友好了。这样无视别人自尊的人，毕竟是少数，你可以离她们远一些。如果不行，你还可以求助爸妈和老师。

至于脸上的小斑点，可以请妈妈带你去医院检查一下。如果是病，那就该怎么治就怎么治，把这事交给医生就可

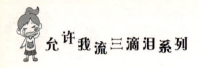

以了。

如果医生说一切正常，那么，我们就快乐地接受它们吧。太在乎它们了，就会变得敏感，芝麻大的小事都会给你带来创伤。

去运动，去听音乐，去看书吧，正事多的是，哪有时间去和那几个小痘痘较劲呀！

是孤独伤心、忍受嘲笑、恼怒得想捶烂镜子、任由成绩下滑，还是想办法管好嘴巴、加大运动量？

如果你选择前者，那就保持现状，继续忍受煎熬。

如果你选择后者，那就忽略流泪，只管酣畅流汗。只要每天坚持，你肯定会有意想不到的惊喜。

不想继续胖下去，那就节食而不绝食，坚持每天锻炼1小时，你的体重肯定能减下去。

如果做不到这两点，那你只好继续去抱怨老天不公平，去捶烂镜子好了。

👑 成长小测试

你的心理状况还好吗

对于下面的问题，你可以有以下 3 种不同的态度：常常是（2分），偶尔是（1分）。完全没有（0分）。请认真回答后计算总分值。

1. 平时不知为什么总觉得心慌意乱，坐立不安。

2. 学习的压力常使自己感到非常烦躁。

3. 往往自己也不明白在想什么，读书看报甚至在课堂上都不能专心致志。

4. 遇到不称心的事情便较长时间地沉默少言。

5. 老师讲概念，常常听不懂，有时懂得快忘得也快。

6. 遇到问题常常举棋不定，迟疑再三。

7. 经常与人争吵发火，过后又后悔不已。

8. 自己瞧不起自己，觉得别人总在嘲笑自己。

9. 喜欢跟比自己年幼或能力不如自己的人一起玩或比赛。

10. 对他人所患的疾病非常敏感，深怕自己也身患相同的病。

11. 对特定的事物，比如尖状物及白色墙壁等有恐惧

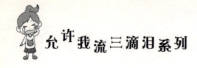

倾向。

12.一旦与异性接触就脸红心慌或想入非非。

13.对某个异性伙伴的每一个细微行为都很注意。

14.怀疑自己患了严重的不治之症，反复看医书或去医院检查。

15.经常无端头痛并依赖止痛或镇静药。

16.经常有离家出走或脱离集体的想法。

17.感到内心痛苦无法解脱，只能自伤或自杀。

选择结果分析

0~5分：心理非常健康，请你放心。

6~14分：大致还属于健康的范围，但应有所注意，也可以找老师或同学聊聊。

15~23分：你在心理方面有了一些障碍，应采取适当的方法进行调适或找心理辅导老师帮助你。

24~30分：黄牌警告，你有可能患了某种心理疾病，应找专门的心理医生进行检查治疗。

31分以上：有较严重的心理障碍，应及时找专门的心理医生治疗。

同学都说我虚伪

毕业考试快到了，虽然只是小升初的毕业考试，但气氛的紧张程度，一点儿也不亚于中考和高考。

尤其是语文和数学老师，总喜欢跟别的老师抢时间。

被我们誉为"战神"的数学老师，提前两天就向我们发出"预警"："周五先考一次，是我从好多资料上精选出来的，题比较难，算是期中考试的摸底或'热身'吧。学了大半个学期，我倒要看看你们的水平到底怎么样。"

第二天就是周五了，我们那几个平时打得火热的哥们儿，依然在课余时间胡吹乱侃。侃完之后，看着那些用功的同学，我们又都有混日子的罪恶感。

有的同学问我复习得怎么样了，我说我没复习，肯定

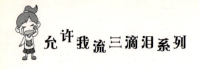

考不好。这是我的真心话。因为虽然我贪玩，但我相信那句名言："一分耕耘，一分收获。"

考试很快过去了，"战神"也火速将成绩判出来了。出乎我意料的是，数学有四个同学得满分，我就是其中一个。

这真是一件可喜可贺的事啊！

正当我为自己感到骄傲和自豪的时候，那几个哥们儿的议论，却把我刚要"发热"的激情，一下子平息了下去。

"他怎么这么虚伪啊？"

"哼，就是，明明用功到深更半夜，却说自己没复习！"

"这不是误导人嘛，明明自己在偷偷学，干吗要装不学？"

"嗨，看来是交友不慎呀，幸亏醒悟得早，要不，还不被他带到沟里去了？"

"是呀，表面上人家跟你玩得热火朝天，背地里却死学。到时候，人家上重点初中，咱们这些跟着玩的就该倒霉喽……"

切，不就是我的成绩比他们高出个十分八分的吗？何况我没有说假话呀，我说的都是实话，没复习就是没复习！

真的假不了，假的真不了。

可是……可是……谁来替我证明呀？

我气愤地找到那几个背后议论我的同学，质问他们："班上有好几个人都跟我的分数一样呢，你们为什么不说他们虚伪，凭什么只说我虚伪呀？"

他们的回答却令我无话可说，我挑几句典型的说给您听听。

"那几个都是书呆子，每天不是背课文，就是做卷子，考不好才奇怪呢！"

"人家爱学习就是爱学习，表里如一，不像有的人那么虚伪，表面装着不用功的样子，跟大家混在一起，上课看课外书，下课侃大山，背地里却偷偷学！蒙谁呢？"

晕！听他们这么一说，我都蒙了，还能蒙谁去！

我的数学底子本来就好，又在外面报了个奥数班，这次考得好，我估计也跟这有点儿关系吧。可是，我这么解

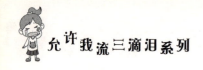

释没人信呀。

有时，我上课想找同桌说句话，下课想找人玩，都没有人搭理我。就是搭理我，也就是损我虚伪，说我找他们玩，就是想耽误他们的宝贵时间，然后自己回家偷偷学。

唉，这日子真难过呀，早知道这样，还不如考个不及格呢！

魔法剑客　男生　六年级

👑 情绪涂改液

可怜的"魔法剑客"，我好同情你哦！

考不好难过，考好了更难过。遭到别人的误解，连解释的机会都没有。

我首先要对你表示同情和理解。可是，仅仅同情和理解是不够的，关键是赶紧想办法，改变这种状况啊。

首先，我要说的是，你没好好复习应该感到惭愧，而不是大大方方地承认。这样做，无意中还会误导同学，这也的确不应该呀，这可是忠言逆耳哦。

其次，对于同学们对你的误解，你最好不要逢人就解释，那会越抹越黑的。

从道理上讲，重点中学是从全区，甚至全市招生的，又不是从某一个班招生，所以，你们班同学是竞争对手关系，更是合作伙伴关系。

如果全班同学都互帮互助，比着学习，那么，全班的整体水平就会不断提高。整体水平提高了，在全区或全市的竞争中，自然就没什么可担心的了。

相反，如果大家都不拿学习当回事，班里也没有学习气氛，我想，与那些学风好的班级相比，既使在班里当个"尖子"，也"尖"不到哪里去。所以说，班级的学风很重要啊。

其实，这个道理很简单。你明白这个道理后，可以把这种观念带给你的同学。我说的"带"，不仅仅是说说而已，重要的是去做，营造出一种互相帮助、共同进步的学习气氛，这样才能取得同学们的谅解。

如果光说不做，恐怕同学又要说你"虚伪"喽。

亲爱的"魔法剑客"，"学习如逆水行舟，不进则退"。

当别人都在奋力前进的时候，你也不能靠以前积蓄的

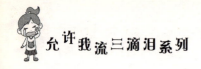

"能量"在原地打转啊，这样，你很快就会被别人甩到后面了。

当你积极地靠实际行动，去取得同学的谅解时，有一天，你会突然发现，你那不用功的毛病，也就自然而然地消失喽。

👑 成长小测试

你对朋友够仗义吗

你的生日快到了，好朋友一直惦记着这一天，他已间接地打听到了你最近最想买的东西是一副结实的护腕。于是，在你生日的那一天，你得到了一个惊喜。那么，生日之后，惊喜之余，你会把这个生日礼物放在哪里呢？

A. 和自己最喜欢的网球拍放在一起。

B. 放在挂衣服的衣架上。

C. 放进不常打开的衣柜里。

D. 放在枕头边。

选项分析

选择 A：你的性格有点儿软弱，对朋友非常重视，对友谊非常珍惜。但有时，你的善良会被人利用，你会受到伤害。当然，一旦被友谊伤害，这种友谊就不能称之为友谊了。所以，你得要明辨是非。

选择 B：你待人没有耐性，坐不住，很喜欢玩。需要提醒你的是，别太高估了友谊的"韧度"，做事要有分寸，适可而止，别让友谊受到伤害。

选择 C：做你的朋友好倒霉啊！他总是被你捉弄，当看到他被整得很惨时，你却开心得不得了。时间长了，朋友就会逃得远远的，因为你捉弄朋友时，一点儿也不会顾及他的感受。建议你手下留情，捉弄朋友时把握好分寸，不要让人觉得你特别不懂事、特别烦人。

选择 D：你对人彬彬有礼，说话办事很讲分寸，也喜欢开玩笑，但绝不会过分得让朋友受不了。所以，朋友们也都很喜欢和你开玩笑，有什么聚会时，朋友们会觉得少了你，就少了很多乐趣。

拒绝和好之后

最近，我和我那个形影不离的好朋友陆远舰绝交了。

几天后，我妈看到他没来找我玩，就感到非常奇怪。她发现从我家里赶都赶不走，甚至他家人叫都叫不回的陆远舰，怎么突然之间不来了呢？

于是妈妈笑着问我："吵架了吧？"

"吵什么吵，我还有好多朋友呢！"我的语气中，明显地流露出了怒气。

妈妈追问我因为什么事，我可不愿意告诉她。因为我觉得自己长大了，和朋友之间发生了不愉快，应该由自己解决。可是，妈妈那探询的眼睛又老在我的脸上扫来扫去的，真让人不舒服啊。

其实，要说起原因来，还跟我妈有关系呢。

我妈在少年宫工作，每到"六一"儿童节，单位总会安排一些大型的、丰富多彩的游艺活动。

上星期，我妈让我把"六一"游园票给陆远舰送去三张。后来，我问陆远舰"六一"去玩了没有，他说他想去，可他妈妈不带他去，把票扔了，还说"这是什么破玩意儿"。

我就说他妈妈没教养，他就生气了，我们就谁也不理谁了。

本来就是没教养嘛，好心给他送票，他妈妈还说得那么难听，凭什么？

我和陆远舰住在一个大院里，又在同一个班里。以前，我们总是结伴回家，一路上快活无比。

自从吵了架后，我们就再也没有在一起走了。就是上学路上碰到了，也是相互之间送一个白眼，谁也不理谁，埋头向前赶路。

放学了，原来多么亲密的朋友，居然怕撞到了一块儿似的，其中一个总是等另一个走远了，才开始耷拉着脑袋，无精打采地离开校园。

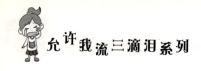

他，然后上前，打声招呼"早上好"。

在班里，他需要借支笔、借块橡皮什么的，你主动借给他。

总之，方法有很多，只要做到既不伤自尊，又显得很自然就行了。

如果你主动地去找他，他还对你不理不睬的，那就说明，这样小气的朋友也不值得非要来往了。不过这种情况出现的可能性非常小哦。

在小孩子的成长过程中，在踢球等集体游戏中，同学们难免会因为对游戏规则认定的分歧或者磕着了、碰着了而吵得面红耳赤。

其实，这样的争吵也不全是坏事。

在争吵中，大家都会使出浑身解数，运用自己的思维能力、语言技巧和平等的争论去尽力说服对方。在说服对方的过程中，我们学会了申辩自己的主张。在服从对方的体验中，你会感到无理取闹是吃不开的，从而学会了生活中必要的"听取"与"放弃"。

在这种"吵了好，好了又吵"的过程中，我们逐渐懂得了相互合作、互相谦让，掌握了处事技能，学会了适应集体生活、正确地处理人际关系、宽容地面对别人。

所以，今天的"好好"争吵，必然会换来明天的良好涵养。

顺便还要夸一下你的妈妈哦，她没有介入你和朋友的"纠纷"中，真是很明智呀，否则，会弄巧成拙的。不过，你遇到问题时，可以主动告诉爸爸妈妈，他们也可以帮你想想办法、出出点子嘛。

♛ 成长小测试

你的幽默细胞有多少

1. 某一天，天气突然降温，可是你的一位喜欢臭美的女同学还是舍不得换下一套刚买的连衣裙去上学，她冷得瑟瑟发抖，而你会想都不想地说：

A. 嘿，你白痴啊！（1分）

B. 都快冻死了，还臭美什么呀。（2分）

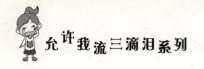

C. 喂，你是在拍戏吗？（3分）

2. 老师问："上课为什么要专心听讲啊？"你说：

A. 如果不专心听讲，就不会做作业了。（3分）

B. 这还用问吗？（1分）

C. 专心听讲是一种好的学习习惯。（2分）

3. 一同学在参加一项集体活动时，向你悄悄地问道："呀，那些人干吗都看我呀，而且眼神还怪怪的？"你会说：

A. 你今天的发型太漂亮啦！（2分）

B. 你的上衣太引人注目了。（3分）

C. 没有啊，只是你的心理作用。（1分）

4. 一个小孩子说："2乘4等于6。"你会笑这个小孩子：

A. 真笨，这么简单的数学题都不会。（1分）

B. 哈哈，真是天才的回答啊。（3分）

C. 怎么一点儿脑子也不动？（2分）

5. 考卷发下来，你正好及格。你会说：

A. 真是太好了，居然及格了！（1分）

B. 老师判得太严了。（3分）

C. 这是意料之中的事。（2分）

6. 昨天，你和好朋友吵架了。今天，你见到他后，主动上前和他说话，他却懒得搭理你。这时，你会：

A. 搓搓手，挠挠头皮，假装自己认错了人。（2分）

B. 和他幽默一下："哈哈，干吗这么小气？金口玉言啊！"（3分）

C. 鼻子朝天一哼，擦肩而过，也不再理他。（1分）

选择结果分析

12~18分：堪称"幽默大师"。由于你的幽默，同学们很愿意和你一起玩哦。继续坚持吧，你是个很有趣的人！

6~11分：有些幽默感。聪明、有能力，不感情用事，遇事冷静，这是你的优点。但你有些不太自信，有时又比较傲气。只要你能真心地对待周围的人，让自己彻底放松下来，相信你的谈吐会更幽默一些。

遭白眼的第一名

亲爱的赵老师，我是您的一个书迷。

您写的"烦恼就像巧克力"这套书，对我来说，意义非凡。

这套书是我用帮妈妈干活儿赚来的零花钱买的哦。

当我看到其中的那本《我不想当隐形人》后，我就认定了我要看这本书。写得好真实啊，完完全全地写出了中等生内心真实的想法。

我很喜欢看这种校园小说，觉得书里的事例就跟周围发生的事情一样，而您把生活融入其中，描述的是我们小学生真真切切的心灵感受。

看完《我不想当隐形人》后，我哭了。

我被陈小绵那种一直努力的精神深深地感动了。当时仅仅是感动和敬佩，但如今，我却真切体会到她的那种处境了。

　　我也是一个中等生，成绩平常，没有出众的才艺，常常被老师遗忘在角落里，他们甚至连看我一眼的时候都很少。读了这本书后，我才学会了努力，像书中的陈小绵一样，一直努力到现在，成绩才有所提高。

　　可令人悲伤的是，老师的眼里还是没有我。老师都不爱搭理中等生吗？我开始有点儿失望。为什么老师一直都没关注一下我呢？即便是关注我一分钟也好啊……

　　不过，我会一直努力下去的，直到老师惊喜地发现我的进步，希望自己也能像那些尖子生一样，受到老师的重视。

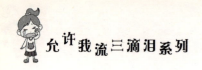

终于，功夫不负有心人，我的语文第一次考了第一名，我兴奋不已。可是，我的同桌（尖子生，老师的得力干将）对我说："你激动什么呀，考试的时候，我都看见你偷偷看我的试卷了。"

他说话的声音特别大，好多同学都听见了。

我根本没有偷看他的试卷！

唉，好不容易考了个第一，却遭受同学白眼，我很伤心。

因为他是尖子生，所以全班同学都相信他，我就被全班同学抛弃了。

连我最好的朋友都跟全班同学一样，对我指手画脚。唉，我真是有口难辩呀！

因为"第一名事件"的干扰，我上课的时候老走神儿，经常没听到老师讲的内容，当老师让我起来回答问题时，我什么也不知道，老师只好无奈地让我坐下。

这时候，同学们的目光向我瞧来了，他们会看不起我吗？

这周的数学测试，我又考了个中等。这下子，同学们更是对我议论纷纷，说我抄不着了，当然得不了第一。

天啊，我的数学本来就没有进过前十名嘛，考不了第一，这很正常呀！

现在，我在班上备受冷落。

难道我也要像陈小绵一样，在忍无可忍之际，发出"狂野狮吼"吗？

我实在是受不了了，我要崩溃了，快帮帮我吧！

哲子　男生　五年级

♛ 情绪涂改液

当你是一个中等生时，你抱怨不被老师关注，抱怨自己备受冷落。可是，当你经过自己的努力考了第一名的时候，你照样在抱怨别人对你的猜疑和冷眼。

"他们会看不起我吗""我备受冷落""我真是有口难辩呀"……

你上课走神儿，你担心被人瞧不起……

呵呵，亲爱的哲子，我觉得你的生活和学习，完全被别人控制了，而不是掌握在自己的手中。

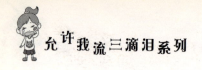

通过这些无可奈何的疑问和感叹，可以看出，你是一个脆弱的男生，一个非常在意别人怎么想的"心奴"（现在有"房奴""车奴"，所以，我姑且这么叫吧）。

"心奴"绝对会阻挡你前进的步伐，对自己的人格也具有极大的破坏性：不知不觉中，干什么都要看别人的脸色，不敢发表自己的见解，不喜欢自己的生存环境，疲于应对周围的人际关系……

所以，亲爱的哲子，你必须要勇于面对自己的弱点，并且要去克服哦。

其实，被老师提问很正常啊，被提问的同学被"万众瞩目"也很正常呀，如果大家都不听这个同学是怎么回答的，那才叫不正常呢。

记住：思维要敏锐，而不是敏感；上课要专心，而不是走神儿。

中等生在学校应该占一大部分，其中肯定有一大部分乐天派。请你悄悄观察他们，去发掘他们的快乐根源。你可以先模仿乐天派。

也就是说，快乐着他们的快乐，直到自己受到感染，真正快乐起来。你可以去结交一些敢作敢为、乐于助人的朋友，这对提高你的自信很有帮助。

你还可以经常这样宽慰自己：考个好成绩不容易，经常考出好成绩，更不容易了。偶尔"出人头地"被人议论，很正常。如果你老想着别人会怎么"看"自己，怎么"说"自己，那会很累心的。干吗跟自己过不去呀！

目前，你要做的是，不要伤心，不必解释，不去琢磨别人的言论和表情，而是赶紧去琢磨学习方法，继续努力，继续取得好成绩。

不强求老是考试第一，但是，只要努力，只要是在不断地进步，老师和同学会很快关注你的哦。

再说了，做好自己，不要太在意别人的关注。

看到别人的长处并学习它，找出自己的弱点并克服它，这才是真正强者的心态。

我希望你像陈小绵一样，在经历了内心的痛苦挣扎之后，走出痛苦，坦然面对，然后，一直努力，直到"掌声响起"。

总之，成功的路不止一条，即便学习成绩不是最优秀的，但你身上依然存在其他很多的优秀品质，依然会令人欣赏。

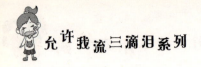

♕ 成长小测试

测试你的成功潜力

对以下问题，你可以有4种不同的态度，即非常同意（3分）、有些同意（2分）、有些不同意（1分）、不同意（0分）。这4种态度各有一个分值，请逐一回答后再计算总分值。

1. 快乐的意义，对我来说比分数更为重要。

2. 我知道这次考试很重要，必须要考好，但这种压力并不能困扰我。

3. 分数确实是评论学生好差的标准。

4. 对考试中出现的失误非常自责。

5. 非常在意自己在班级的分数排名。

6. 适应能力很强，会随着环境的改变而调整情绪。

7. 一旦下决心做一件事，肯定会坚持到底。

8. 喜欢别人把自己看成一个身负重任的人。

9. 喜欢高消费，并且很享受这种消费。

10. 如果某件事很有意义，你就会全力以赴。

11．你认为班集体成功比个人成功更重要。

选择结果分析

0~10 分：对你来说，成功的意义是快乐、是开心、是尽力，而不仅仅是获得高分。

11~22 分：也许你根本就没有想去争取高分，至少目前没有这种想法。

23~33 分：你有获得高分和高能力的潜力，只要努力，就比较容易获得成功。

朋友圈被"捣毁"

前一阵子，我和我班的李牧羊成为了好朋友。李牧羊的性格十分开朗，和她在一起我很开心。

可很快，妈妈就开始出面找我谈话。实际上，是给我上"思想品德"课了："你怎么和这个疯丫头搅到一起了？她站没站相，坐没坐相。前几天，我还看见她跟一个男生出去，一边走一边疯闹，一看就不是个好女孩儿，她爸妈也不管管她。以后，你少跟她混在一起，别让她把你带坏了。"

听妈妈这样说我的好朋友，我心里很不舒服，就对妈妈解释说："她不是什么坏女孩儿，她只不过喜欢说说笑笑，喜欢和大家打成一片，您不能因为她跟男孩子在一起玩，就说人家是坏孩子。我就觉得她很可爱，跟她相处很舒服，我才跟她在一起玩的嘛。"

妈妈不但不听，反而故意堵在放学路上，冲我的好朋友直瞪眼，让她以后少跟我在一起玩，然后，不管不顾地拉起我就走。

结果，我的好朋友当然就跟我掰了。

很快，同学们都知道了我妈很厉害，谁也不敢跟我玩了，弄得我好伤心、好没面子。

就这样，我的朋友圈被妈妈——"捣毁"。

最近，老师让我们几个学习好的同学开展"一帮一"活动。

王晓晓长得不漂亮，性子慢，脑子也反应慢，同学们总喜欢欺负她。作为数学课代表，我就选择了大家不愿帮的女生王晓晓。

两周来，我们俩一直在一起做作业，一起玩。我发现王晓晓并不算太笨，有时，玩得开心的时候，我又发现，她笑起来还挺迷人的。

可是，好景不长，妈妈知道后，又出来干涉了。她生

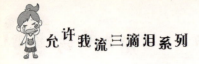

气地质问我："这几天，你怎么老跟那个笨丫头在一起啊？还学习呢？跟她搅在一起，你只能会变得越来越笨，越来越傻的！谁的家长愿意自己的孩子跟这样的同学玩啊？你应该和学习好的同学一起玩。"

妈妈还教育我说："你要跟对你有帮助的人在一起玩，对你没帮助的，你少给我搭理！"爸爸说："你要跟学习成绩优秀、品德优秀的同学在一起玩。"

可是，我就想不通，我交朋友，就是为了有用才交的吗？我就不能交一些知心朋友吗？他们要我交一些学习好、品德好的朋友，可什么样的同学学习好、品德好，还得由他们说了算！

听着他们喋喋不休地给我上"思想品德"课，我就特别想告诉妈妈，让她改行，别当什么医生了，干脆去学校当思想品德老师算了。

我也想劝告爸爸，以后从公司里辞职算了，他的工作应该是不停地帮我挑选朋友，直到他们满意为止。

蓝色的忧郁　女生　六年级

👑 情绪涂改液

亲爱的"蓝色的忧郁"，你的爸妈整天给你上这样的"思品"课，是挺让人郁闷的哦。不过，赌气地让你爸妈去改行，可不是明智的解决办法。

最好的解决办法不是气鼓鼓地"逆来顺受"，而是说服他们。

告诉爸妈，交李牧羊这样的朋友，会让你心情很好，性格也变得开朗起来，并征求爸妈的意见："你们愿意我做一个阳光女孩儿，还是愿意我做一个'闷头瓜'？"

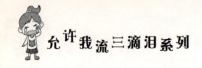

还要告诉他们，因为妈妈的不礼貌，同学都不愿跟你玩了，你很伤心等等。

爸妈听了你的倾诉以后，是不会无动于衷的。关键是，你的这些感受都没有跟他们沟通过，所以，才有了下面不停的"干涉"。

知道你选择的"一帮一"对象是班上同学喜欢欺负的那个"笨"女孩儿，我好感动哦，这说明你很善良。并且在交往的过程中，你不仅没有欺负她，反而能不断地发现这个同学的优点，这说明你也是一个值得交往的人！

至于爸妈要你交"学习好的、品德好的朋友"，这本身并没有什么错，问题是，什么才算是"好"。每个人都有优点缺点，都有长处短处。好朋友就应该在交往中，学会取长补短，增长经验，共同进步。

跟爸妈摆清道理后，别忘了来上一段煽情的表达哦：

"我知道，你们非常非常地爱我。爱我，就不要伤害我；爱我，就要公平地对待我的朋友，就要对我信任。我长大了，有一定的辨别能力了。我交什么样的朋友，只有我自己知道合适不合适，你们毕竟不能老跟在我的身后，毕竟你们取代不了我。"

听了你有理有据的表白，相信你那还不算蛮横的爸妈，会作低头沉思状，考虑你的感受的。

♛ 成长小测试

你喜欢凑热闹吗

你是那种一听到任何风吹草动，就不顾一切地跑去凑热闹的人吗？做做下面的测验题，就知道啦！

某日，你看见一位平时总是大大咧咧、开朗活泼的同学，今天却不知怎么回事，一副无精打采的样子。此时，你会怎么做？

A. 一边鼓励他，一边询问原因。

B. 赶紧向其他同学间接地打探原因。

C. 自己坐在那里想原因，什么也不想做。

D. 爱怎么样就怎么样，与我没有什么关系。

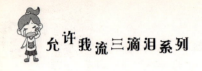
选项分析

选择 A：鼓励朋友的行为是假，而想探听原因是真。这说明你是个十足的凑热闹狂哦。其实你想知道事情的真相，就直接问好了。不过，这样有可能会伤害别人。所以，最好的办法，就是降低你的"热情"，等着人家愿意告诉你时，你再听一听吧，否则，就不要瞎打探了。

选择 B：选择用曲线手法问别人，这样或许不会伤害到朋友，但是，同样说明你是一个爱凑热闹的人，并且还深藏不露。因此，你的凑热闹指数也不低哦。

选择 C：自己想原因，说明你是一个非常照顾朋友的人，知道体贴别人，不愿把事情闹大。你的人缘可能不错，只不过，你还是很想知道朋友沮丧的原因。凑热闹指数处于一般状态，好奇心不算太强。

选择 D：没有什么感觉的你，凑热闹指数可以说是零。你对其他人的事都毫无兴趣！因此，有时你会让别人觉得你是个"冷漠的人"。建议你还是适当地表示一点儿关心会比较好哦！

第四章

背叛如同心被撕扯

聪明的人在伤害中醒悟,

在伤害中体验,

在伤害中变得善良。

适度的信任是友谊的催化剂和润滑油。

"天敌"的秘密计划

赵静阿姨，最近，我发现自己爱看课外书了，您写的"女生最麻烦系列"，还有"烦恼就像巧克力系列"，我都从书店里买回来了！

那个书店在我们学校旁边，里面很大。每天放学后，我都去买一本书。

有一次，我觉得自己去买书很无聊，想让朋友跟我一起去，我就叫梁子颜陪我一起去买书。可她竟然一口拒绝了我："不去，没兴趣！那些书，我家里也有。"

真是气死我了！

梁子颜是我的同桌，也是我最好的朋友，她也把我当成最好的朋友，可我发现，她最近渐渐变了。

据我的观察和了解，梁子颜的变化与我的"天敌"有很大的关系。

我的"天敌"叫华雅莉。

上幼儿园的时候，有一次，华雅莉拿了别人的东西，又不归还，我就把这件事告诉了老师。

因为这事，华雅莉就特生我的气，把我当成了"天敌"，处处和我作对。

而我呢，也因此开始讨厌华雅莉了，也把她当成了我的"天敌"。

上小学后，很不幸，我们又成了一个班的同学。

每当有同学和我玩时，华雅莉就挑拨离间，不让别人和我玩，我的头都快要气晕了。她还在我的好朋友面前，说我的坏话，我的好朋友很多都被她骗走了。

于是，我的好朋友越来越少，而华雅莉的好朋友却越来越多。

话题扯远了，还是说说梁子颜是怎么变化的吧。

最近，梁子颜和华雅莉越走越近，玩得越来越亲密。每次看到她们在一起玩，我就非常忌妒。就在期中考试的

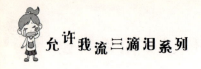

那天，我和华雅莉又闹了一场。事实上，也算是和梁子颜闹了一场。

当时的具体情况是这样的。

那天下午，华雅莉向一位同学要巧克力吃，我看到了，我也去向那位同学要。

没想到华雅莉冲我吼叫："你吃什么巧克力呀？你干吗要吃别人的东西啊？"真是的，许你找别人要吃的，就不许我要吃的？又不是向你要！

我一生气，就走了。

我把和华雅莉吵架的事，告诉了梁子颜。

我本来还心存幻想，认为曾经的好朋友会劝慰我。没想到，她竟然和华雅莉一起说我的不对，一起不理我。您说这气不气人啊！

既然梁子颜这样对我，我也决定试着去重新结交一个好朋友，去报复梁子颜。

我找的这个好朋友叫连嘉嘉。可我发现，我并不怎么在乎连嘉嘉，我只在乎梁子颜。不管她怎么样对我，我就是很在乎，我对她的一切都在乎。

下学期，我们该上四年级了，我担心我的好朋友会越来越少的。我该怎么办呢？

我听人说，华雅莉有一个秘密计划，那就是她一定要打败我。

可恶的华雅莉，如果警察同意，我一定要咬她一口！

阿姨，您一定要帮帮我，如果不帮我，我就再缠您，缠到您烦了愿意给我回信为止！

冰雪皇后　女生　四年级

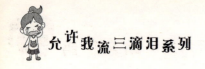

♛ 情绪涂改液

亲爱的"冰雪皇后",读着你的来信,我的感觉是"一地鸡毛",而且不是用来做鸡毛毽子的那种鸡毛,而是一地小绒毛,呃……琐碎得让人直抓脑袋呀!

你一直不停地生气、生气、生气……

为了避免你再度生气,我先表扬你一下,恭喜你成为一个爱读课外书的孩子了,这可真是个天大的好事呀!

尤其是喜欢看我写的书,嘿嘿,这对我来说,也是天大的喜事呀!

既然爱看书,那就算是知书达理的了,那我就可以向你"开炮"了哈。

什么叫朋友?朋友在一起,就是相互帮助,共同进步,没有压力,轻松快乐。 梁子颜不陪你去书店,已经表明原因了,她家的书很多,没兴趣再去买了。那你就不应该再强求她陪你去了。

你或许会冲我霸道地嚷嚷:好朋友就应该干什么都一起,连去厕所都要一起!

这是好多小女生的游戏规则,可那一定是双方都想去厕所了，或者，双方没啥事，陪着也就陪着了。

干什么都在一起，这可不是好朋友唯一的标准哦。如果真要强求，而不是自愿的，那么，这样的好朋友，也长久不了哦，因为相处有压力嘛。

华雅莉是你的"天敌"？这都是你们假想的"天敌"吧？她有一个秘密计划是打败你？你听谁说的？

亲爱的"冰雪皇后"，连幼儿园那些幼稚的"童话"你都记得这么清楚，你不生气，还能该是谁生气呢！

说句公道话，华雅莉处处和你作对，或者说，你把华雅莉当成了"天敌"，这也不全怪你。可以看出，华雅莉和你有相似之处，那就是容易忌妒，她见不得梁子颜和你玩，你也见不得她和梁子颜玩。

如果你和华雅莉想明白了，朋友不是一对一的，好朋友应该是越多越好，这样就会很快乐，不用整天担心唯一的好朋友被人"拐"跑了。

像滚雪球一样，好朋友越交越多，你就不会因为太在意某一个朋友，而失去了自我。

什么都在乎，会过得很辛苦。

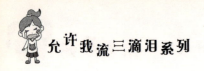

记住，人的一生很长，会不停地交到新朋友，也会不停地失去旧朋友。有的能长久下去友谊，才是真正的友谊。

另外，你新交的朋友连嘉嘉，如果是一个很不错、很珍惜友谊的女孩子，你为什么不可以在乎她呢？为什么非要去在乎一个不在乎你的梁子颜呢？

"可恶的华雅莉，如果警察同意，我一定咬她一口！"这是多么可怕的想法——仅仅因为俩人不和！

珍惜每一份送到你面前的友情，也要学会放手将要消失的友情，你会过得很快乐。

亲爱的、爱读书的"冰雪皇后"，赶紧去阅读你喜爱的课外书吧，它们都是你最忠实的朋友，它们会教你怎样快乐地与人相处的。

成长小测试

如何对付绊脚的小石块

成长的道路，有时曲折泥泞，有时也会平坦顺畅，但再平坦顺畅的道路，也会有几块小石块，在你不经意时，

滚到你的脚下，试试你的"脚功"。做做下面的测试，看
看你是怎么对付这些小石块的。

你的好朋友和你疏远后，却和另外一个同学打得火热，
而这个同学一直是你和好朋友都不喜欢的人。有一天，疏
远你的这个好朋友要过生日了，她在邀请了你不喜欢的那
个人时，也邀请你参加。你非常堵心，不想参加，那么，
你会怎么拒绝呢？

A. 家里有事去不了。

B. 身体不舒服了。

C. 已经约了别的同学。

D. 作业太多走不开。

选项分析

选择 A：你拒绝得很智慧，既不伤害对方自尊，又保护
了自己的自尊。你是一个善解人意的好孩子。

选择 B：你考虑问题不够周全，显得有点儿自私，这样
会影响自己的人缘。

选择 C：你以有约拒绝对方，表示你的朋友很多，也表

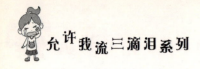

明你也算是一个很仗义的朋友。

　　选择D：你每遇到挫折时，总是靠学习来转移注意力，逃避忧愁。倒不如真正放松自己，打打球、听听歌，别只认定做题这一件事，也可以让自己的业余爱好丰富起来哦。

大米的忍无可忍

　　我叫大米，我有一个双胞胎妹妹，叫小米，我已经忍她很久了。对她，我简直厌恶到了极点！

　　赵静阿姨，您没有双胞胎姐妹吧？您可能体会不到那种感觉。

　　昨天晚上，她没事找事，抱着一个公仔，不停地拿公仔砸我。我吼她，她却委屈得不得了，就好像是我无缘无故地骂她似的。没错，在别人看来，就是这种感觉。

　　像这样先挑事，然后又做出无辜样子的事例太多了，真没见过这么无赖的人！

　　我承认我们以前是吵过架，可她敢说每次都是我的错吗？

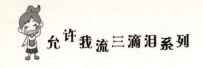

再说了，我已经好长时间没冒犯过她了，也好长时间没做对她不利的事情、没说过对她不利的话了。这并不代表我不讨厌她，我只是想通了，想把心思都放在学习上，不去和她纠缠不休了。

这种人，爱怎样就怎样吧。走自己的路，让别人说去吧，反正真相总会有大白的一天。

可即使这样，她依然不放过我。她一次又一次地恶搞我，还说是跟我学的，让我也体验一下被找事的感觉。哼，真是搞笑啊，我在忍她，却被说成她在忍我！

每次我们发生冲突后，我都看见她在本子上写我的坏话，芝麻大一点儿的事，她都要写。告诉您吧，她在电话本、涂改纸、卡片、本子上，写过我许多坏话，几乎没有一天不写的。不管您信不信，这都是真的。

比如前天，我说她的裤子好厚，她居然也把这件事情写出来，说我骂她。我只是说她的裤子好厚，哪有骂她啊！和这种人生活在同一屋檐下，真的很可怕。她一天不写我的坏话，就好像那天她非常不舒服似的，就像得了强迫症似的。

再说上个周五晚上吧，我在房间写作业，她却跑到我的房间，弄得鸡犬不宁的。明明我需要安静，她却这样坏心眼儿，真的不怕有报应吗？真的不怕吗？

那个周五晚上，我清楚地记得，我在做数学作业，是几道简便运算题，本应该很快就做完了，但就是因为她的捣乱，一个小时过去了，我还没有做完。好不容易做完了，字却丑得不成样子，我只好又重新写。当时我气得全身发抖，她却好像啥都不知道，还在那儿滔滔不绝地、源源不断地东扯一句，西扯一句的。

一想起这些事，我就告诉自己：我一定要报仇！

赵静阿姨，现在，我和您面对面地坦白与倾诉，我把我忍她的事都说了，我实在不想忍下去了，我也忍无可忍

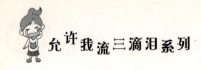

了。因为她还在继续编故事，继续在写骂我、损我的话，她不仅在本子上骂，而且在我朋友面前说我的坏话。我该怎么办？我不想再忍她了。您能不能给我出出主意，我该怎么去报仇？

赵静阿姨，我给您写的这封信，千万千万别登在报纸上，因为她也在看报纸。她若看到，我可就惨啦！

大米　女生　五年级

👑 情绪涂改液

亲爱的"大米"，就在你对双胞胎妹妹忍无可忍的时候，你知道，有多少孩子在羡慕你吗？

你一定惊呆了：啊？羡慕我这暗无天日的生活？脑子里放水养鱼了吧？

没错，你是值得被羡慕的。听完我的分析后，你的脑子就会拐过弯来了。

除了开始不得不介绍你有一个双胞胎妹妹外，整封信里，全篇都是"她、她、她……"，可见"她"真的让你烦透了！

为何而烦？因为"她"是一个故意捣乱却装无辜的、会在任何纸片上写你坏话的、会在朋友面前损你的……坏心眼儿的妹妹。

事实上，我倒觉得"她"好可爱啊。一个人无聊、想找姐姐玩的时候，就直说嘛，干吗故意找姐姐的碴儿，或者滔滔不绝地说啊说啊，以此来引起姐姐的注意？哪怕是反感？

呵呵，可怜的大米，每次都中招儿，每次都奋起反击，于是，"无辜"的小米，就会乐此不彼地接招儿……看着大米气急败坏的样子，小米还貌似其乐无穷。

说真的，双胞胎姐妹，应该是心心相印的，如果闹别扭，同学也会看扁你们的：哼，连自己的亲姐妹都处不好，还能和同学处得好吗？真是不可想象！

既然"她"这么无聊，这么无趣，这么令人厌恶，聪明的大米，你为什么不充分发挥自己的智慧，来"制服"这个"坏心眼儿"的小米呢？

怎么"制服"？方法当然多了去了，而且还不用"唇枪舌剑"，更不会"刀光剑影"。

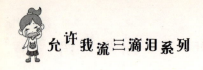

你可以准备一个漂亮的日记本——不上锁的那种，也可以像"她"一样，在电话本、涂改纸、卡片等随手可写的地方写字，只不过，不能像"她"一样写"她"的坏话，而是写"她"的好话。

"什么好话？我可找不出一句她的好话来！"也许你对此愤愤不平。不过，没关系，你就强压住心头的厌烦，开始你的第一句好话吧："我的妹妹小米今天非常漂亮，她笑起来的样子真好看！"

没错，从今天开始，无论是"纸上"，还是面对面说话，你都要叫她"妹妹"。几天下来，"她"就会不战而退——是你的温和，击退了要找碴儿的"她"。这个利器非常好使，相信我！

接下来，"纸上"夸赞不能停哦。

比如，最近，我发现妹妹的脾气好多了！再比如，我多希望妹妹经常叫我姐姐啊，我可是她一辈子的姐姐啊，不管她承认不承认。还比如，今天的温度比较高，妹妹穿的裤子偏厚，我真担心她热得受不了……

总之，都是一些夸赞她、关心她的话呗，这一招儿非常有效果，说不定哪一天，妹妹人前人后叫你姐姐，你可别觉得太肉麻哦！

先肉麻后舒畅的感觉，一定比厌烦和报仇的感觉爽多了。

每当妹妹无聊来找你麻烦时，你干脆迁就她一两次，拉她出去跳绳、逛书店，或者一起做作业，一起看电视、听音乐什么的。她平时喜欢玩什么，你就陪她玩什么，谁让咱是姐姐呢，对吧？等关系处好了，她求你陪她玩（而不是靠捣乱求关注）时，你就可以看情况拒绝她了：等姐姐写完作业再陪你玩吧……

妹妹有所期待，当然会体谅你的，而且还会盼着你赶紧写吧、赶紧写完吧……

让妹妹看到你写的信，也没啥大不了的，这只不过是成长路上一段小插曲而已。前嫌尽释后，你们一定会相视而笑，然后会勾肩搭背地做一对好姐妹！

希望你们这对双胞胎姐妹，能尽快彼此理解，彼此珍惜！

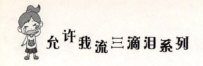

♛ 成长小测试

测测你有多宽容

"宰相肚里能撑船"，这句话说的是做人要宽容。一般来说，宽容的人都比较开心。测一测吧，有多宽容，你就有多快乐！

假如你向深山老林走去，你想象一下自己会遇到什么？

A. 动物。

B. 仙女。

C. 有可能遇上任何东西。

选项分析

选择A：不太宽容，有时会小心眼儿，与人交往不太放松，需要与人多打交道，在交往中明白道理，提高自己的忍耐力。

选择B：你比较宽容，个性开朗，不做作，善于与人交往，处理问题得当，人缘很不错。

选择C：你非常宽容，脾气好，善良、稳重、理智，能包容朋友的一切问题，很容易相处。

是分享还是取悦

赵静阿姨，我想跟您吐吐烦恼，说说我的烦心事。我在友谊方面出了问题。

我是个大方的男孩儿，9岁，朋友蛮多的。我经常请他们去吃东西、玩耍，他们也喜欢和我一起玩。

平时，同学不是忘记带水彩笔了，就是忘了带橡皮呀、笔呀、本子呀什么的，我总是会买好多带上，在他们需要的时候送给他们。反正我们是好朋友，他们用过之后，也不用还给我了。

每月初，妈妈一给我零花钱，我就赶紧和好朋友分享。天热了，给他们买雪糕吃；放学路上，请他们吃烤串；春游了，我还会瞒着妈妈，带上自己的压岁钱分给他们花。

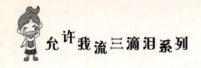

可是最近，我的学习比较紧张，就很少请他们出去玩了，没想到他们就对我说，我们不和你玩了。他们还把我的朋友全部拉走了。

一天，我拉住一个最好的朋友，问他为什么对我爱理不理的。围观的同学越来越多，我仍拉住他追问，他却不耐烦地对我说："你要道歉！"

"道歉？给谁道歉？为什么要道歉？"我莫名其妙地问。

"道歉，道歉，就是要你道歉，哪有那么多的为什么？"对方极不耐烦。

"对不起，请你原谅我！"我被逼无奈，慢慢吐出了这样一句话。

说完这句话，我后悔死了。天啊！我是怎么了，居然向他道歉！其实，我也根本不知道我有什么错，我为什么要道歉。也许是当着其他同学的面，想给他一个面子吧。

想不到更让我难堪的是，他居然冲我吼叫："我凭什么接受你的道歉？"

天啊，我，给了他面子，他，却耍了我！

我不知道为什么他们要这么对我。

班上有同学对我说："你现在都没请他们出去吃喝玩乐了，他们当然不和你玩了。你以为他们是真的和你玩的啊，你好傻，你被骗了，他们只是为了花你的钱而已。"

可我还是不愿意和好朋友就这么散了。于是，我赶紧给他们买了很多东西，可他们并不领情。

我哪里做错了呀？那些与我很亲近的人，虽然表面没有指责我，但他们肯定在背地里偷偷地说我的坏话。唉，真搞不懂。我从小就没有爸爸，我的朋友就是利用我没爸爸这件事在排斥我。这令我伤透了脑筋。

直到现在，我才看清楚他们的真面目，也终于悟出了

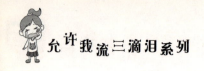

一个道理：知人知面不知心。我怎么也不会想到他们居然是这样的人。

难道友谊真的那么不坚固吗？我们不是永远的好朋友、好兄弟姐妹吗？难道他们真的骗了我？

我为这段友谊付出了这么多，我们就这样散了吗？我真不甘心，求求您给我想想办法！

魔术★　男生　三年级

👑 情绪涂改液

亲爱的"魔术★"，读着你的来信，我好心疼你呀！

一个9岁的、非常大方的小男孩儿，自认为拥有好多朋友。令人沮丧的结果却让你最后悟出一个道理：知人知面不知心。

由此可以看出，你并不认为友谊的问题出在自己身上，而是在指责对方。

"我在友谊方面出了问题。"尽管这么说，但是，你并没有意识到究竟是什么问题。你先得改变一下你的"友谊观"和"分享观"：友谊是双方的，不是单方的，不是靠钱来取悦的，更不是钱能收买得到的。

有些东西可以分享，但有的东西是不能分享的。比如，钱，那是父母通过劳动获得的，不是随便拿来与人分享的（捐给需要帮助的人除外）。你把压岁钱分给大家花，是瞒着妈妈的，这足以说明你是明白这个道理的。你想通过花钱取悦同学，目的是让同学和你玩。

你怀疑别人说你的坏话？说了什么坏话呢？你在信中没交代，但可以看出你内心的纠结与不自信。

亲爱的"魔术★"，你从小就没了爸爸，是一件很不幸的事情，但这不会成为大家排斥你的原因，你可别想多了哦。小孩子虽然有时不太懂事，但大多内心还是很善良的。

如果不甘心好朋友就这样散了，从现在开始，你可以试试以下招数。

好朋友为什么一时间都离你而去？最好去问当事人，不能听别人的猜测。如果真是因为你没带他们去吃去玩，这种朋友不交也罢。不必道歉，也绝不能拿钱收买，你完

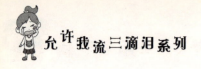

全可以重新选择朋友。

你因学习忙而减少跟朋友们在一起玩的时间，我觉得你做得很对。你知道自己最重要的任务是什么，真替你高兴。如果是真正的好朋友，他们会理解你，并向你学习的。

关于借学习用具不还的事情，还是因为你前期处理得不太好。你可以帮助临时遇到困难的同学，但不能助长同学占小便宜的习惯，对人对己都不是一件好事。

亲爱的"魔术★"，你用钱取悦同学，还有个深层原因，就是你不够自信，不相信自己有足够的魅力和能力交到朋友。

其实，只要方法得当，一样能交到好朋友的。

多和同学一起游戏、踢球，可以请同学去家里玩玩，好吃好喝好玩儿的都可以摆上。

也可以交一两个关系亲密的玩伴儿，一起听音乐、交流阅读心得等，不一定做什么都得花钱。

👑 成长小测试

从消费观看人生观

过生日了，你有一笔意外收获，是换取自己喜欢的东西，还是把它存起来？是消费物有所值、规划生活，还是豪爽挥霍、享受人生？做做下面的测试吧，可以从你的消费观看出你的人生观。

如果你手中现在有 2000 元的压岁钱，你将怎么花？

A. 到游乐园玩去，早就想玩蹦极了。

B. 买最新款的手机。

C. 自己的钱自己做主，去报个喜爱的跆拳道班，让书法班见鬼去吧。

D. 买名牌衣服，好好地装扮自己。

选项分析

选择 A：你对钱没有欲望，是一个平和的人，不喜欢与人争斗，不在意别人对你的看法。你的人生价值，就是取悦自己，挑战自己。总之，你是一个心态平和、积极上进的人。

选择 B：在生活中，你是一个追求新潮的人，什么事都

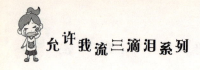
不想落人后面，希望所有事情都完美无憾。

选择 C：你是个很有进取心的人，强烈追求成功，做事执着、有毅力，要做就要做好，即使遭遇打击，也百折不挠。

选择 D：你在成长的过程中，缺乏受关注。你非常渴望引人注目，需要得到肯定。为了得到别人的肯定，你在不断地寻求自己的价值体现。

友情死机了

赵静姐姐，最近我遇到了有关友谊的麻烦事，它令我伤心，也令我开心。

伤心的是，我失去了一段友谊。

开心的是，我终于看清楚这段"友谊"的真面目了。

我有一个闺蜜，她叫小艳，从上一年级开始，我们就干什么都要在一起。

这五年过得很快乐，但是，从五年级的下学期开始，小艳对我的态度就有所改变了。她不再像以前那样和我玩得那么好了，也很少接近我，对我爱搭不理的，就是偶尔理我一次，还不停地嘲笑、挖苦我。

为了我们的友谊，我忍气吞声，干什么事情都顺着她，

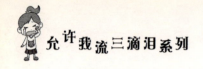

不敢惹她生气。

可即使是这样，也改变不了她对我的不理不睬。

后来，她开始和一个叫丁妍的女生玩了起来。

这个丁妍，在一年级的时候就欺负我，而且是一个很八卦的女生，我打心底里不喜欢她，可小艳却和她一起玩。

看着她们在一起快乐的样子，我心里很不好受。

我不是忌妒她们，而是觉得我不仅失去了一个好朋友，而且，这个远离我的好朋友，竟然和我不喜欢的一个人玩在了一起。

后来，不好的事情终于发生了——六年级的"六一"表演，老师让我们分小组排练节目。小艳和丁妍等女生组了一队，表演的节目是舞蹈。没多久，小艳来邀请我加入她们那个队，我同意了。

每天放学，我们都留下来排练。下个星期一，老师就要检查了。时间太紧了，而我们排练的效果却不怎么理想。

我和大家一样着急，情急之中，我找了一段舞蹈视频，让小艳和丁妍看。她们看了以后也觉得挺好的，就采用了。自己的建议得到采用，我也非常高兴。我以为我们"六一"那天，可以好好地展示一下了。

可就在"六一"节前，我生病了，头昏昏沉沉的，浑身无力，但我还是坚持排练舞蹈。

也不知道她们是不是故意针对我，丁妍故意说走出来的步子要很好看，然后就开始嫌弃我走的步子不好看。

也许是我身体不舒服，显得很没有精神。可实际上步子的好看不好看，也没有什么严格的标准。我猜想她是故意趁我生病了，找了这个理由想让我离开舞蹈队。

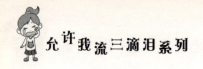

我感觉她们就是为了利用我！利用我帮助她们完成了舞蹈的挑选和排练，然后，再找理由把我踢出舞蹈队。没办法，我被迫离开了舞蹈队。

也就是因为这件事，也许是别的什么原因，小艳渐渐地疏远了我。

慢慢地，我们不再讲话，不再一起玩了。

小艳选择和丁妍在一起，成了好朋友。我虽然心里很失落，但我想就这样算了吧，反正要毕业了。

我以为我的忍让可以换来相安无事。没想到有一天晚上，小艳和丁妍同时在QQ上骂了我，说了一大堆特别侮辱人的话。

我都不知道我哪里惹到她们了！

上个星期，和小艳、丁妍一个舞蹈队的佳齐对我说，其实，丁妍和小艳经常在她们练舞的时候骂我。她们发誓再也不和我玩了。

我终于看清她们了！

一个自以为是的丁妍，一个被她带坏的小艳！

后来，经过我的了解，我才知道了她们和我绝交的原因：老师把她们两个最讨厌的那个人——思思，调到了我的前面坐，思思经常转过头来和我讲话，她们就以为我和思思玩了。

可我最不明白的是丁妍。她不让我和思思玩，她自己却经常和思思讲话，还有说有笑的！

现在我有了一个新朋友。

她既不像小艳那样喜欢挖苦我，也不像丁妍那样破坏别人的友谊。她对我真的很好很好，她让我知道了什么叫作真正的友谊。

赵静姐姐，这是不是应了一句话：阳光总在风雨后呢？

紫微水晶　女生　六年级

👑 情绪涂改液

亲爱的"紫微水晶"，你是一个聪明而智慧的孩子！

为了友谊，你可以看人脸色、忍气吞声。其实，我并不支持你这样委屈自己，也没必要委屈自己。

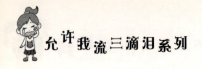

事实上，智慧的你，也并没有一直这样忍下去。

我想说的是，你失去了小艳，并没有损失什么，相反，你少了一个看着不顺眼、时时嘲笑你的人，她倒损失了一个处处忍让着她、怕惹她生气的人。

丁妍喜欢欺负人，喜欢八卦，你不喜欢这样的人，这也显示了你对朋友选择的标准，也充分说明你是一个讲原则、懂是非的孩子，赞一个哦！

你看人的眼光很准呢。小艳和丁妍在一起后，果然有了变化。她不再是那个单纯的小艳了，而变成了一个喜欢骂人、喜欢乱说坏话的女孩儿了。

真是"近朱者赤，近墨者黑"呀！

在 QQ 上被骂之后，你并没有像以前那样忍气吞声，而是开始反思自己、寻找被骂的原因。真相大白后，你并没有去找小艳和丁妍的麻烦，而是庆幸自己"终于看清她们了！一个自以为是的丁妍，一个被她带坏的小艳"。

旧的友情失去了，你没有继续纠缠，而是大度地转身，寻找新的友情。你最终的做法，也显示出了你和人相处中的高情商。

"现在我有了一个新朋友。她既不像小艳那样喜欢挖苦我，也不像丁妍那样破坏别人的友谊。她对我真的很好很好，她让我知道了什么叫作真正的友谊。"

亲爱的"紫微水晶"，看到这句话，我被你感动了。因为，你对友情的要求是那么单纯，那么让人感动。

真的，和一个时时嘲笑你、挖苦你、爱理不理的人绝交，真的没什么大不了的。好好珍惜你新交的这位"重量级"的朋友吧，也别忘了和其他小伙伴搞好关系，这样，你的快乐就会被放大、放大……

总之，你是一个聪明而智慧的女孩儿，我对你除了赞不绝口，还是赞不绝口。这样"排忧解难"的回信，我可是从来没有过呢！

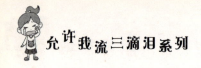
👑 成长小测试

你与人相处的弱点

世界上没有完美的人，每个人身上都会有这样那样的弱点。有弱点不重要，重要的是，我们要认清自己的弱点，以便在学习和生活中，取长补短，做一个积极进取的好孩子。试着回答下面的问题吧。

在集体活动中，当你和同学意见不一致的时候，你会怎么解决？

A. 坚持自己的意见。

B. 想办法说服对方，尽量达成共识。

C. 谦让对方，按照对方的意见办。

D. 请老师来做决断。

选项分析

选择 A：你是一个充满自信的人，可是你常常以自我为中心，不顾及别人的想法和感受，容易与人产生矛盾。建议你学会沟通，注意说话的态度和语调，即使坚持自己的意见，也得以理服人，不能强迫别人接受你的观点。

选择B：你很会沟通，但要注意沟通的目的，不是为了达成共识而去迎合对方，而是要摆出道理和可行性。仅仅为了达成共识而做出的让步，也不能让人佩服，只能看低你。

选择C：意见不一致时，你要按对方的意见办，这不是谦让，而是顺从。观点是用来讨论的，不是用来谦让的。没有原则的谦让，只能让人感觉你在逃避问题，更让人反感。

选择D：你很有智慧，既可以避免双方正面冲突，也可以从最合理的角度来解决矛盾。但是，遇到问题，经常采取这种方式，也会让人觉得你的说服能力欠佳、可操作性欠妥。

有一个，嘿嘿……

他叫"霸王龙"（网名），长得瘦瘦小小，成绩平平，相貌平平，表现平平，但对电脑非常精通。

电脑课上，他对我帮助很大，而我在其他科目上，也很愿意帮助他。我们相处得很融洽，从没吵过架，是非常要好的好朋友。

放假的时候，我们还和几个好朋友一块儿去郊游、吃肯德基、看电影……玩得很开心。

可是，好景不长，学校弥漫着一股不正常的气氛，每个同学都很八卦，流言蜚语满天飘。

"今天谁给谁送了水晶球礼物！"

"昨天，谁给谁买了'五羊'模型，可贵了！不简单哦！"

…………

有一天，突然有个女同学很神秘地对我说："嘿，'乱世英雄'（我的网名），你知道吗？'霸王龙'说他很欣赏你的性格噢！"

旁边一位男生，也跟着起哄，在我面前老提"霸王龙"

的名字。

他们之所以这样，就是因为"霸王龙"老在同学面前胡说八道，说他如何如何欣赏我的性格，像个男孩子，很豪爽；说他喜欢和我一起玩，因为我不小心眼儿……

结果，课间休息的时候，总有人拿"霸王龙"来烦我。

有一天，我终于忍无可忍了，就大声地对那些同学说："他欣赏我怎么了？他认为我很豪爽不可以吗？他喜欢和我玩，我们就是铁哥们儿，这又怎么了？你们真无聊！"

他们听了，更加肆无忌惮，说了一句简直让我无法想象的话："'乱世英雄'，你到底有多少铁哥们儿呀？"

"'乱世英雄'要把'霸王龙'从铁哥们儿里给踢出

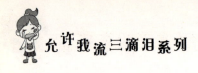

去了！"

…………

我简直要晕了！

什么踢不踢的呀，我干吗要把他踢出去呀？好朋友不是越多越好吗？

后来，我把这件事跟老师说了，老师帮助我解决了这个问题。但是现在仍有一些同学时不时故意拿"霸王龙"来逗我，看见他们笑嘻嘻的样子，笑得不怀好意，我就有一种想揍他们的冲动。

赵老师，您能不能帮我出出点子啊？

乱世英雄　女生　六年级

👑 情绪涂改液

亲爱的"乱世英雄"，一提这网名，就感觉透着一股豪气。

你说自己是一个很大方、很豪爽的人，我一点儿也不怀疑。

　　我就是有点儿不明白，那位"隔壁班的女生"为什么不一下课就还给你？为什么被追要后反而不再露面？如果真的弄丢了别人的东西，就要第一时间表示歉意，并表示赔偿。至于对方要不要赔偿，这是对方的事情，她当务之急是赶紧给借者一个说法。

　　或许她丢了东西以后，不好意思面对你，就想办法搪塞你……

　　不管怎么理解她，尤其是看到你为此而耽误上课，还被罚站，我还是和你一样，嗯……唉，这位借而不还的女生的表现，实在令人遗憾！

　　不过，你这位豪气大方的女生，可别因为这件事变成一个小气鬼哦。对那些需要帮助的人、守信用的人，还是要继续大方的。

　　对不拿别人东西当回事的人，以后，你也可以很豪气、很大方地拒绝她："不！"给她一个教训，帮助她改正不守信用的缺点，是不是很爽呀？

　　至于第二个烦恼，哈哈，在你的豪气中，还是暴露出了一个小女生的扭扭捏捏哦。

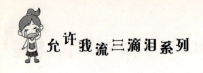

喜欢和男生玩，是再正常不过的事情。

"霸王龙"到处说欣赏你的性格，说你不是一个小心眼儿的人，这也是一件令人高兴的事。毕竟被人欣赏，比被人厌恶好得多！

你对"霸王龙"的态度和做法，我也很欣赏哦！

面对"霸王龙"的高调"欣赏"，我实在忍俊不禁。呵呵，这可真是一个没心没肺的孩子。

"他欣赏我怎么了？他认为我很豪爽不可以吗？他喜欢和我玩，我们就是铁哥们儿，这又怎么了？你们真无聊！"

你的这几句质问，真的很有震慑力！相信那些无聊的、喜欢逗你玩的同学，也会像"霸王龙"一样，去欣赏你，也一定会喜欢和你一起玩的。可不是嘛，谁不喜欢大大咧咧的女生，谁又会喜欢那些小心眼儿、无事生非的女生呢？

♛ 成长小测试

你是一个"女汉子"吗

"女汉子" 是一个网络语言，是指女孩子的性格和行为有点儿男性化，个性豪爽，特立独行。有时是夸奖，有时是取笑，但很多时候为褒义词。

"女汉子"的外向性格，有的是与生俱来的，但大多数是后天练成的。

你喜欢当一个"女汉子"吗？做做下面的测试，先确诊一下你是否具有做"女汉子"的潜质吧。

选择一个你们班同学公认的"女汉子"，邀请她陪你一起去传说中的"鬼屋"体验一次，你猜她会是哪种反应？

A. 打死也不去。

B. 吓得脸色大变，但还是答应陪你去。

C. 谁怕谁呀，去就去！

D. 不去。再不靠谱的借口都找得出。

选项分析

选择 A：表面上看，你是一个"女汉子"，啥事都想充

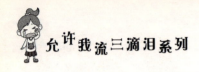

当保护者，而事情来临时，你还是十分犹豫的，总是纠结于到底是出头露面做个"女汉子"好，还是还原成一个"弱女子"好。

选择B：你是一个彻头彻尾的"女汉子"，不做作，很豁达，勇于尝试，乐于接受新鲜事物，和女生在一起的时候，喜欢以保护者的身份出现，就是遇事有点儿情绪化，做事也许会半途而废。

选择C：你算是一个"女汉子"吧。对人比较实在，喜欢直来直去，但有时过于自信，让你的同伴对你的保护能力心存疑虑。

选择D：你绝对没有做"女汉子"的潜质。你是一个乖巧的女生，容易让人接近，但比较好面子，凡事总要找借口，不能取得别人的信任，也容易被别人忽视。建议你尝试让自己有个性一点儿，勇敢地表达自己，也是一种魅力。

后　记

　　这套书内容的真实性，毋庸置疑！

　　"小补丁""冷冰雪""小苦瓜""闷心菜""笨笨羊"……
信尾署的都是这类怪里怪气的网名。

　　这些甩掉烦恼的"小补丁"们，很愿意分享他们在成长
蜕变中的酸甜苦辣，这是我非常意外，也非常感动的事情。

　　再与你分享一个秘密，那就是这套书的丛书名，来源于
作者与小读者的对话，这也是我从来没想过的事情。

　　为什么只允许我流三滴泪？不不不……我要流十滴、百
滴、万滴、万万滴……

　　好吧好吧，我投降了！不过，我还是希望你只流三滴泪，
只悲伤三分钟——时间都耗费在逃学、跺脚、挠墙的纠结中，
实在是太傻了！快速宣泄，赶紧想辙吧，眼泪又不会施魔法，
更不会解救你，一切都得靠自己的智慧——成长的智慧！

　　另外，书中设置了有趣的"成长小测试"，闲暇之余，
你可以做一做这些小测试，但可不要太当真哟！

找词游戏
答案

友谊是创可贴。
获得支持很重要。

烦恼倾诉箱：

当烦恼困扰你时，与其默默忍受，不如写信给 jingzhaohu@sina.com，你会得到赵静这个大朋友的倾情帮助；热心的你，还可以给有同样烦恼的人支个招儿，你会发现这是一件非常有意义的事情，既提高了自己应对烦恼的能力，又帮助了别人。还犹豫什么，赶紧行动吧！